U0840771

| 中国当代研学丛书 |

哲学

大学生思想政治教育链研究

李　净 | 著

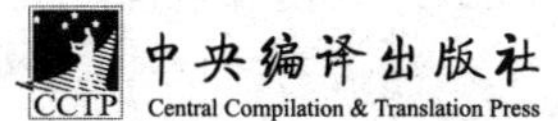

中央编译出版社
Central Compilation & Translation Press

图书在版编目（CIP）数据

大学生思想政治教育链研究 / 李净著. —北京：
中央编译出版社，2022.3
ISBN 978-7-5117-3888-2

Ⅰ.①大… Ⅱ.①李… Ⅲ.①大学生—思想政治教育
—研究—中国 Ⅳ.①G641

中国版本图书馆 CIP 数据核字（2021）第 110106 号

大学生思想政治教育链研究

责任编辑 杜永明
责任印制 刘 慧
出版发行 中央编译出版社
地 址 北京市海淀区北四环西路 69 号（100080）
电 话 （010）55627391（总编室） （010）55627313（编辑室）
（010）55627320（发行部） （010）55627377（新技术部）
经 销 全国新华书店
印 刷 三河市华东印刷有限公司
开 本 710 毫米×1000 毫米 1/16
字 数 200 千字
印 张 14.5
版 次 2022 年 3 月第 1 版
印 次 2022 年 3 月第 1 次印刷
定 价 95.00 元

新浪微博：@中央编译出版社 **微 信**：中央编译出版社(ID: cctphome)
淘宝店铺：中央编译出版社直销店(http://shop108367160.taobao.com) (010)55627331

前 言

思想政治教育链是大学生思想政治教育的各阶段、各环节相互衔接、相互促进的关联关系。该关联关系的科学揭示对于推动大学生思想政治教育实践的科学化与有效化具有重要意义。本研究旨在以马克思主义唯物辩证法和现代系统分析法为基础方法，采用文献研究与经验总结相结合方法、逻辑与历史相一致方法、分析与综合相统一方法、理论与实践相联系方法等主要方法，科学、客观、全面地揭示这种关系，旨在为实践提供可能的理论指导与方法借鉴。具体来说，本研究挖掘古今中外主流意识形态理论教育过程的环节、时序、规律、程序等相关思想资源，研究思想政治教育链的内涵、功能、结构、形成与运行等基础理论，关照现实研究其完善对策，系统地构建思想政治教育链理论体系。归结起来，本研究集中于以下几大问题的探讨。

第一，挖掘了思想政治教育链研究的理论基础与思想资源。对马克思主义经典作家的唯物辩证法、认识论与“知、情、意、信、行”的思想政治教育环节等相关思想观点进行总结提炼，探寻本研究的理论基础；对中国传统社会教育的“好学、勤思、多习、践行”“入乎耳、著乎心、布乎四体，形诸动静”“观、明、玄览”“接、谟、神、行”及“学、问、思、辨、行”等教育过程环节思想进行系统梳理，探索本研究的思想资源；对西方社会主流意识形态教育过程“顺应自然”观、教育过程“心理学化”观、“教学形式阶段”观、“从做中学”的“教学五步”观及程序教学观等进行挖掘归纳，寻求本研究的思想借鉴。

第二，厘清了思想政治教育链的内涵和外延。在分析链、教育链、思想政治教育及大学生思想政治教育等相关基本概念的基础上，对思想政治教育链概念的含义进行了界定，又通过对大学生思想政治教育工程、机制及程序等相关概念的联系与区别所进行的分析，进一步明确思想政治教育链的内涵。再通过对思想政治教育链的特征，即对其作为系统表现出来的系统性特征、处于运行状态表现出来的运动性特征、在运动过程中表现出的生态性特征及其系统规范、合力育人及优化效果等功能展开研究分析，深层次探讨思想政治教育链的本质内涵。在把握思想政治教育链内涵的基础上，对思想政治教育链的内在结构、形态结构及层级结构展开深入研究。厘清了思想政治教育链内在结构的链源、链节、链接、链形等各要素及相互关系；明晰了处于具象形态的思想政治教育链的宏观结构与微观结构；明确了思想政治教育链层级结构中的活动层、内容层与目标层等的所指与相互关系。

第三，探讨了思想政治教育链的形成机理与运行机制。明确思想政治教育链的形成机理与运行机制，是确保其建构实践的科学性的前提与保障。对其形成机理，主要是分析思想政治教育链形成的客观依据，即思想政治教育逻辑符合大学生接受心理序列，思想政治教育逻辑符合理论本体的逻辑序列及思想政治教育逻辑要与历史逻辑相一致，探讨其形成的前提条件；分析思想政治教育链形成的主观动因，即增强大学生思想政治教育实效性的需要；提高大学生思想政治教育效率性的诉求；提升大学生思想政治教育生态性的要求，探究其形成的关键所在；最后落脚于分析思想政治教育链形成的具体路径，即思想政治教育链组织体系的建构作用、理论研究的推动作用及内外环境的协调作用，明晰其形成过程。对其运行机制，主要是分别对动力机制、整合机制、沟通机制、协调机制、延伸机制的概念、功能及运演展开分析，在其基础上剖析各运行机制之间的相互关系，致力于全面描述思想政治教育链的运动状态。

第四，提出了完善思想政治教育链的对策。理论研究的目的在于服务于实践发展。在对思想政治教育链的理论内核的研究基础上，将研究落脚于现实问题的探讨。本研究在分析思想政治教育链的理论内核的基础上，从增强思想政治教育链建构意识、健全其组织体系、完善其运行机制、优化其运行环境及加强其理论研究等五个方面提出了进一步优化的对策。

Contents

目 录

第一章

绪 论

如何在经济全球化、信息网络化、文化多元化的时代境遇中加强和改进大学生的思想政治教育，提升其实践有效性，以培养大批优秀的中国特色社会主义的接班人和建设者，是摆在国家、各级学校及理论研究者面前紧迫的现实课题。致力于对大学生思想政治教育的规律性进行揭示的思想政治教育链研究，能够为大学生思想政治教育实践提供思想理念及方法指导，推动其具体化、科学化发展。

第一节 研究缘起及意义

马克思曾说过，代表时代的声音来支配所有个人的意志、行为的问题，不是隐晦、潜藏的，它是无所顾忌的、公开的，是“表现时代自己内心状态的最实际的呼声”①。思想政治教育链研究的提出并非是偶然的理论创新尝试，它正是基于对时代问题“最实际的呼声”的回应。

一、研究缘起

思想政治教育链是思想政治教育研究、新领域、新课题。具体来说，

① 《马克思恩格斯全集》第1卷，人民出版社1995年版，第203页。

它的提出主要基于以下两方面的考虑。第一，新形势下，进一步巩固马克思主义在意识形态领域的指导地位的需要。习近平总书记指出，“我们前所未有地靠近世界舞台中心，前所未有地接近实现中华民族伟大复兴的目标，前所未有地具有实现这个目标的能力和信心”①。这三个“前所未有”反映了当下中国发展所面临的大好形势；但他也指出了，在面临这样的大好形势的情况下，仍然要保持三个“高度警惕”，也就是要“高度警惕国家被侵略、被颠覆、被分裂的危险，高度警惕改革发展稳定大局被破坏的危险，高度警惕中国特色社会主义发展进程被打断的危险”②。实际上，这三个“前所未有”和三个“高度警惕”的概括客观、准确地描述了中国当前社会发展之大势。值得注意的是，不论是大好形势的取得，还是此形势的保持与继续推进，都离不开意识形态领域内对马克思主义主导地位的巩固，而且就如何保持三个“高度警惕”更加需要进一步提升意识形态领域中马克思主义的统领作用。也就是说，马克思主义理论的宣讲、传播、教育等工作必须得到相应的提升。基于大学生承担的历史使命以及其自身的成长特征来说，这个群体是马克思主义理论武装、宣传、教育的重点对象，也是巩固意识形态工作的重要力量。正如2005年中央印发的《关于进一步加强和改进新形势下高校宣传思想工作的意见》中强调，高校是意识形态工作的前沿阵地，肩负着宣传教育马克思主义的责任。如何提升大学生的马克思主义理论宣传教育实效性，成为提升意识形态领域内马克思主义的指导地位的关键性问题。以科学揭示教育过程规律为指向的思想政治教育链研究，能够推动教育实践具体化、科学化、有效化发展，从而巩固马克思主义的意识形态主导地位。

第二，进一步拓展思想政治教育学科研究视野的需要。科学家钱伟长

① 《习近平总书记系列重要讲话读本》，学习出版社、人民出版社2014年版，第133页。

② 夏洪青、王通化：《按能打仗打胜仗要求阔步前行——党的十八大以来全军和武警部队贯彻落实习主席重要指示大抓战斗力建设述评》，载《解放军报》，2016年1月14日。

曾提出，自然界、人类社会和思维是一个具有普遍而广泛联系的连续体，这些领域分别产生的科学，在其根本上也应该是相互联系的连续体，只是我们为了便于研究，而将这个连续体分成若干部分，即不同的学科。那么，实质上，人们在对这个连续体进行认识的过程中，还存在许多空白之处需要填补。也就是说，要不断突破单一学科的封闭性、局限性，提高其自身的开放性以及与其他学科交叉发展的适应性。在科学技术日新月异、高度发展的当下，要想固守单一学科发展是不可能的，必须在坚守自身学科发展的特殊性的基础上广泛吸纳其他学科的有益成果，以促进自身的综合稳定发展。对于理论推进来说，也就是要进一步转换思维、拓展研究视野，广泛借鉴系统学、控制学、心理学、教育学、社会学等学科领域的有益理论和方法来深化思想政治教育研究。"链"概念目前主要是集中于生物学领域的食物链、经济学领域的产业链、管理学领域的供应链等的运用，但其本质内涵、系统功能对于深化思想政治教育仍然具有重要的借鉴意义。因此，本研究基于拓展理论研究视野的需要，大胆将"链"概念引入，聚焦于"思想政治教育链"的研究。

二、研究意义

思想政治教育链研究不仅是一个理论性问题，在深化大学生思想政治教育研究理论方面具有重要意义，而且还是一个实践性问题，在推动大学生思想政治教育实践科学化、具体化、有效化方面具有重要意义。

（一）理论意义

通过本研究的开展，能够在理论方面获得如下突破与进展。第一，丰富和深化大学生思想政治教育理论研究。经过多年来学界各位学者及教育前线从事马克思主义理论宣传、教育的工作者对大学生思想政治教育相关问题的理论探索，形成了一大批具有宝贵价值的研究成果，极大地丰富和发展了大学生思想政治教育理论。但主要聚焦于教育方法的改革，教育内容、教育平台的创新等单方面的研究，抑或教育规律揭示和教育经验的总结等理论研究，缺乏对大学生思想政治教育整体性的理论研究，而思想政治教育链研究正是对此问题的回应。本研究从宏观、整体上来审视大学生思想政治教育，借鉴教育学、心理学、统计学等相关学科的有益理论和研究方法，联系具体实际，深度揭示大学生思想政治教育规律，并致力于建立相应的教育链理论。它对于丰富和创新大学生思想政治教育研究课题具有重要意义。第二，加强对大学生思想政治教育规律的认识与揭示。大学生思想政治教育是一个应用性、现实针对性很强的研究课题。对于过程规律性的认识，又是突破该研究课题的关键性、根本性问题。因为，只有对教育过程规律有了准确的认识与把握，其他问题的解决才有了相应的出口和进路。思想政治教育链研究正是旨在对理论教育过程规律的揭示，对于推动理论教育过程规律研究具有重要意义。

（二）实践意义

列宁指出：“没有革命的理论，就不会有革命的运动。”① 科学理论对于指导社会实践具有重要意义。本研究从实践意义上说，有助于推动大学生思想政治教育实践的科学化，以提高其有效性。首先，遵循大学生思想素质形成规律及理论教育规律有利于提高思想政治教育链的实效性。基于大学生的思想政治教育规律而形成的教育链，探索的是大学生思想政治教育的各要素、各环节相互协作、相互衔接的客观关联关系。遵循这种客观关联关系展开链式教育，能够确保实践的科学性，从而提高实践的有效性。其次，思想政治教育链的体系化、工程化有利于提高教育实效。在思想政治教育链式系统下，理论教育实践涉及从思想政治理论课主渠道到哲学社会科学及个专业课的课程思政教育，涉及从课堂延伸到课下的生活实际的思想政治教育，涉及大学各阶段不同层次的思想政治教育，可以说它是一个贯穿大学生学习、生活全过程的教育体系。通过这种连续性、持续性、广泛性较强的思想政治教育实践的展开，能够巩固教育成果。最后，

---

①《列宁专题文集 论无产阶级政党》，人民出版社 2009 年版，第 39 页。

思想政治教育链的动态性有利于确保教育实效。马克思主义理论的与时俱进性，要求宣传、弘扬、传播它的教育实践也具有与时俱进性，这就强调教育过程的动态性。遵循理论教育链而展开的教育实践体现为一个不断运动变化的过程，强调各要素、各环节彼此之间的联动性。具有动态性的思想政治教育链指导教育实践能够提升实践的有效性。

第二节 国内外研究现状

对当前国内外关于教育链、思想政治教育链、道德教育链等的相关研究进行归纳、总结、梳理，以把握本研究动态，为本研究的推进提供理论基础。

一、国内研究现状

就教育链研究来说，总体上是涉入领域多但未深入展开；就思想政治教育链研究来说，则起步较晚且亟待推进。

（一）教育链研究：涉入领域较多但未深入展开

从已有文献资料来看，教育链已经在经济、道德、文化、社会等多个领域出现，如经济领域的会计教育链、道德领域的道德教育链、文化领域的音乐教育链与语文教育链等。国内学者从各自研究的学科领域出发对“教育链”的内涵、特征、要素、结构、功能及建构措施展开了相关研究。

关于“教育链”的具体内涵的研究。从教育链概念提出至今，该范畴逐渐得到学术界学者的认同，但就其具体内涵却未达成共识。具体来说，学者们的观点可以归纳为三个维度。首先，从教育要素之间的内在关系出发的维度。该维度因其对教育概念的界定从广义与狭义出发，而产生了两种观点。一是，从狭义的教育概念出发，认为教育链是由教育涉及的教育目标、教育内容、教育方法等诸要素的相关关系构成的系统或整体。有学者认为，教育是由其涉及的诸多方面构成的一个纵向展开的链条，表现为“教育价值观—教育目标—教育内容—教育方法”的系统结构，其中教育方法由教育内容所决定，教育内容又由教育目标所决定，教育目标最后由教育价值观所决定。① 二是，从广义的教育概念出发，也就是把教育视为与人类文明发展相统一的角度阐释教育链。如，有学者认为，教育链概念是从宏观的角度考察对自然人教育的本质、过程及规律，具体来说，教育链由人性环和理性环构成。②

其次，从教育过程各环节的承接关系出发的维度。该维度因其微观与宏观不同的视角，产生了两类观点。一是，从微观的视角，即对具体的教育活动过程的各个环节的衔接关系的考察。由于教育过程是教育者的施教过程与教育对象的受教过程的统一，那么从不同的切入点审视，产生了两种观点。其一，从教育者的施教过程出发，也即考察教育准备、实施、评估等环节之间的衔接关系。如，有学者认为，从成本与收益的视角即金融学角度考察教育链，认为教育链是由教育决策环节、教育资源配置环节、教育实施环节、人才上市环节、后续跟踪环节等五个环节构成的链式系统。③ 有学者对活动课程的教育链展开研究，认为活动课程的教育链由“尊重队员、自由选题、确定内容、激发兴趣、全员准备、践行岗位、总结评估、共享快乐”等环节的有序衔接展开构成。④ 其二，从教育对象受教过程出发，也就是考察知、情、意、行等环节的相互衔接关系。如，有学者对德育教育链的研究，认为德育教育链表现为“知—行—评—练—再知—再评—再练……”其中链的首环是知，第二环是行，第三环是评，尾

---

① 胡学增：《教育链上的四个环节》，载《教育时报》，1990 年 8 月 9 日。

② 徐宏：《教育链——基础素质教育与师范教育改革》，中国经济出版社 2000 年版，第 3 页。

③ 窦尔翔：《教育金融制度创新》，清华大学出版社 2012 年版，第 179 页。

④ 王冬梅：《开启少先队辅导员专业发展的新天地 少先队活动课程初探与活动课设计方案精编》，世界图书出版公司（上海）2014 年版，第 96 页。

环是练，但该链条是一个不断循环往复、无限上升的过程。① 有学者对语文教育链展开研究，认为语文教育链就是要揭示语文教育系统内各要素的逻辑关系及其系统建构，具体来说，就是要“把知识学习、引导历练、能力发展、习惯养成、方法获得和思想文化素养提高构建成为一个纵横结合的科学体系”②，其中，知识学习是基础，再通过引导历练转化为能力，能力再定性为习惯，以获得方法；而在知识和能力获得的过程中渗透着思想、文化、情感等教育，这使学生在获得知识技能进步发展的同时，也获得了情感、价值观念的进步发展，从而使学生的语文素养得到全面提高。二是，从宏观的视角考察，又可以分为纵向和横向及纵横交错三个层面。其一，从纵向层面来说，也就是对人生教育过程的各个阶段教育活动的衔接关系的考察。如，有学者在研究会计教育链的时候，认为会计教育链是“对会计的学校教育和后续教育这两个阶段表现出环环相扣的关联关系的形象描述”③，具体来说，它是从选取教育对象为起点，通过学校教育，然后接受社会市场的检验，最后又回到学校进行再教育的不断循环往复的链式系统。有学者在对科学教育展开研究的时候，认为科学研究要“形成从基础教育到高等教育再到继续教育的全程性科学教育链”④。另一学者在研究科学教育的时候也提出，科学教育要“形成从基础教育到高等教育以至社会实践、继续教育的教育链”⑤。有学者在研究教师的内在教学理论的时候，提出基础教育、高等教育及继续教育等各个阶段上的每个教师都“力求以‘教育链’的视野确立自己的工作目标”。有学者在研究如何提升全民族的科学文化水平的时候提出，应该建立从幼儿园到小学到中学到大学

---

① 周建军：《创设德育“教育链”，变艰难“道德跋涉”为快乐“全人”成长》，载《教育前沿（理论版）》，2008 年第 12 期。

② 洪宗礼：《洪宗礼文集 1：语文教育“链”》，江苏教育出版社 2008 年版，第 21 页。

③ 蔡洁：《会计教育链初探》，载《财会通讯（综合）》，2010 年第 4 期。

④ 汪青松：《教学理念与教学实践》，安徽人民出版社 2007 年版，第 148 页。

⑤ 樊安新：《学会感恩》，河南人民出版社 2006 年版，第 81 页。

到研究生院再到成人教育的教育链。① 其二，从横向层面来说，也就是对环境影响过程的各个场域教育活动的衔接关系的考察。有学者在研究大学生社会化过程的时候，由于对大学生的心理和思想产生影响作用的因素来自多方面，呈现形式多种多样，因此，要确保大学生的社会化进程的顺利，就需要建立起从学校延伸到家庭和社会的“三位一体”的“教育链”。② 有学者在研究学习潜能开发的时候，认为“要变孤立的、封闭的、静止的状态为联系的、开放的、动态的教育，立足于学校，又超越校园，使学校、社会、家庭密切结合，形成一个有力的教育链”③。有学者在研究青少年的德育过程的时候指出，要形成“从课堂到课外、从校区到社区、从校园到社会的大学生自主渗透式完整教育链”④。其三，从纵横交错层面来说，也就是把教育链看作是人生成长过程的教育链与受环境影响的教育链纵横交错构成的网络系统。如，有学者在研究德育的时候，把德育看成一项系统工程，认为从个体的成长过程来说，“幼儿—小学—初中—高中—大学”的教育过程构成了“纵向成长教育链”；从个体受环境影响的过程看，“家庭—学校—社会”的教育过程构成了“横向环境教育链”，而正是此纵横交错的两条教育链的环环相扣，形成了德育的网络系统。⑤

最后，从借鉴生态链、产业链、价值链等理论出发的维度。如，有学者认为，“教育链就是指在教育活动过程中，通过对知识流、资金流、信息流的控制，以实现知识传递的运输线”⑥。

以上学界学者们对教育链内涵的探讨为教育链相关问题的研究提供了丰富的视角与建议，但总的来说，对于教育链的内涵及本质的探讨的研究

---

① 李光炎、欧阳广：《农村领导科学与艺术》，广西人民出版社 1986 年版，第 221 页。
② 沙风、张晓明：《大学生社会化》，新华出版社 2008 年版，第 106 页。
③ 蒋洪波：《学习潜能开发导论》，四川教育出版社 2001 年版，第 64 页。
④ 王磊：《德育是美的》，华东师范大学出版社 2011 年版，第 85 页。
⑤ 郭秀青：《面对 21 世纪的高校德育》，载《思想 · 理论 · 教育》，1998 年第 2 期。
⑥ 杜兴艳：《建构政府部门人力资源开发的教育链模型》，载《绥化学院学报》，2010 年第 6 期。

还不够深入，只是简单地抛出了概念，并未进行论证与深挖。要把握教育链的本质还需要对其展开更为深入的概念内涵研究分析。

关于教育链的特征的研究。特征是教育链内涵的外延，由于学界学者对教育链概念的内涵几乎未进行系统研究，涉及其特征的文献寥寥无几，仅有少数论文里面对教育链的特征作了简要的论述。如，有学者认为，会计教育链具有超强的竞争适应性、受教育政策的制约性、有机系统性、自组织性、动态性等特征；① 有学者认为，政府部门人力资源教育链具有系统性、复杂性、动态性、周期性等特征②。虽然这两位学者所研究的教育链的具体对象有所不同，但系统性、动态性可谓是教育链的一般特征。

关于教育链要素的研究。关于教育链要素的研究文献也十分稀缺，仅在少量的文献里面有所论及。有学者在研究会计教育链的要素的时候，从教育链的一般性要素深入到会计教育链的特殊性要素的角度出发，认为教育链具有一般的组成要素，包括教育理念、教育环境、教育者与受教育者、教育影响、教育目标等五个要素，会计教育链的要素仍然是此五个方面，只是具有了特殊性、具体性。③ 另一学者从产业链、供应链的视角考察教育链概念，认为教育链的要素为知识流、资金流、信息流。④

关于教育链结构的研究。关于教育链结构的研究方面，学界学者研究十分有限，而且在内容和观点上存在很大差异。例如，有学者认为，教育链是由人性与理性两个主环，家庭、学校和社会三个次环构成的链式系统结构；⑤ 有学者在研究语文教育链的时候，又认为语文教育链的内在结构

---

① 蔡洁：《会计教育链初探》，载《财会通讯（综合）》，2010年第4期。

② 杜兴艳：《建构政府部门人力资源开发的教育链模型》，载《绥化学院学报》，2010年第6期。

③ 蔡洁：《会计教育链初探》，载《财会通讯（综合）》，2010年第4期。

④ 杜兴艳：《建构政府部门人力资源开发的教育链模型》，载《绥化学院学报》，2010年第6期。

⑤ 徐宏：《教育链——基础素质教育与师范教育改革》，中国经济出版社2000年版，第13页。

由其内容维度、过程维度及关系维度三个方面构成;① 有学者认为教育链的结构既可以为直线链，也可以为立体网状模式②。教育链在各个学科领域具有其具体性与特殊性，但其结构仍然具有共性。结构由要素决定，而要素的确定又取决于概念的界定。目前结构方面存在诸多差异，关键在于学界学者们对于教育链概念的界定及要素的组成未达成共识。学界学者应该不断深化对其要素组成及结构构成的研究。

关于教育链功能的研究。系统科学认为结构决定功能。学界学者对于教育链结构的认知不同，其功能的定位也自然存在诸多差异。例如，把教育链的结构定义为直线链或网状链的学者，就认为教育链具有工具性功能，“即是实现知识传递的运输线”③。把教育链结构界定为由人性与理性主环构成的学者，则认为教育链“关系到人性善恶与人类兴衰的进化”④。功能的认识，是判定价值的重要依据，也是促进人们实践的重要动力，而就目前的研究来说，还非常不充分，需要进一步推进。

关于教育链建构措施的研究。关于“教育链”的建构措施，多数学者只是抛出“教育链”概念，并未对如何建构进行深入探究，仅有少量学者的论著中有所论及。有学者提出我国政府部门人力资源开发的教育链构建措施是在坚持结构简单性、不确定性，在战略眼光等原则的基础上，建构起教育链运作保障机制、激励机制、协调机制、监控机制等。⑤ 有学者认为，教育链的建构在于各参与者之间建立信息共享机制，需要高度的“信

① 洪宗礼:《我的探索——构建语文教育链》，载《语文教学通讯》，2009 年第 1 期。

② 杜兴艳:《建构政府部门人力资源开发的教育链模型》，载《绥化学院学报》，2010 年第 6 期。

③ 杜兴艳:《建构政府部门人力资源开发的教育链模型》，载《绥化学院学报》，2010 年第 6 期。

④ 徐宏:《教育链——基础素质教育与师范教育改革》，中国经济出版社 2000 年版，第 3 页。

⑤ 杜兴艳:《建构政府部门人力资源开发的教育链模型》，载《绥化学院学报》，2010 年第 6 期。

赖、合作、协调、诚实和准确的交流”①。

以上是目前国内学界关于教育链研究的主要范畴。此外，还有关于教育链提出的背景、环境、流程等的尝试性研究，但由于其散见于个人的观点中，故在此未另作梳理。总的说来，就目前的教育链相关文献的研究情况来看，研究开始的时间较早，涉及的领域较多，关注的人群较为广泛，但理论研究深度却不够，还需要进一步加强研究，深层次探讨教育链的内涵与本质。

（二）思想政治教育链研究：起步较晚且亟待推进

从现有的文献资料的梳理来看，国内学者对于思想政治教育链相关问题的研究不仅起步较晚，而且研究多数停留在内涵上。归纳起来，学界学者的观点可以分为以下几个维度。首先，从教育过程各环节的承接关系出发的维度。该维度与其他学科的教育链研究一样，因其微观与宏观不同的视角，产生了两类观点。从微观视角出发，又可以分为具体性研究与抽象性研究。其一，具体性研究指具体阐释教育链由教育过程的各个环节的环环相扣构成。如，有学者在研究如何开展“三讲”教育的时候指出，“‘三讲’教育分‘思想发动，学习提高’；‘自我剖析，听取意见’；‘交流思想，开展批评’；‘认真整改，巩固成果’四个阶段。前一阶段是后一阶段的必要准备，后一阶段是前一阶段的必然要求，环环相扣，形成思想教育的链”②。其二，抽象性研究指并未提出教育链是由哪些环节构成，而是对教育过程规律性、本质性的认识。如，有学者认为，社会主义核心价值观教育要结合学生的身心发展实际，“将教育的目标和内容系统化、系列化、细列化，形成螺旋式的教育链”③。另一学者也认为，思想政治教育要遵循大学生的思想素质矛盾运行规律，形成具有整体性、层次性、联系性及传

---

① 蔡洁：《会计教育链初探》，载《财会通讯（综合）》，2010年第4期。

② 刘宗洪：《“三讲”教育对党的思想建设的意义》，载《上海党史与党建》，2001年第4期。

③ 厦门市教育局课题组：《社会主义核心价值体系融入中小学教育全过程的研究》，福建教育出版社2008年版，第42页。

动性的思想政治工作链条。①

相比而言，从宏观视角出发的学者居多。从宏观视角出发的研究同样可以分为纵向层面与横向层面。从纵向层面看，个体世界观、价值观、人生观形成的关键期是大学教育阶段。因此，有学者以大学阶段教育过程为对象，认为思想政治教育链就是大学各阶段的思想政治教育活动的环环相扣构成的系统体系。如，有学者提出，在大学生大学阶段的思想政治教育中贯穿“感恩教育—访贫教育—诚信教育—责任心教育”的主链，也就是依据大学生大学四年各个阶段的特征，依次展开大一年级的“感恩”为主题的教育、大二年级的“访贫”为主题的教育、大三年级的“诚信”为主题的教育及大四年级的“责任心”为主题的教育，并强调此四阶段环节之间并非孤立、相互排斥的关系，而是在循序教育过程规律的基础上，相互融通、相互推进的。② 另一学者则提出，大学生大学阶段的思想政治教育中贯穿“安全感培育—素质拓展—价值提升—自我实现”具有梯链式的主链。③ 此外，有学者以人生成长过程为对象，研究人生各阶段的思想政治教育活动之间的衔接关系。如，有学者在研究大学生马克思主义理论体系教育实效性的时候指出，要形成由“初始教育、基础教育、中等教育和高等教育”等四个教育阶段构成的相互衔接，又各自具有侧重点，之间具有明显层次性、表现出梯度性的马克思主义理论“教育链”，他还强调大学生大学阶段的思想政治教育是该链条上的一个关键环，但提升该阶段环节的实效性又必须注意与前面阶段的衔接性。④ 另一学者在对青少年进行廉洁教育的研究中指出，个体从步入学堂之日起，就在接受由浅入深、具有

---

① 马建青：《尊重大学生思想规律 构建有效思想政治教育链》，载《长春师范大学学报（人文社会科学版）》，2015 年第 2 期。

② 陈永福：《开展链式教育加强大学生思想政治教育的探讨》，载《湖南财经高等专科学校学报》，2008 年第 5 期。

③ 陈婉婷、谢晓默：《梯链式教育与大学生思想政治教育模式新探索》，载《吉林省教育学院学报（学科版）》，2011 年第 8 期。

④ 冯刚、张东刚：《高校马克思主义中国化、时代化、大众化研究》，中央编译出版社 2012 年版，第 64 页。

梯次性的"尊廉崇洁"教育，而青少年时期的基础性廉洁教育与成人阶段的核心性廉洁教育之间的相互承接、环环相扣关系的建立，就使廉洁教育形成为一个链式系统。①

多数学者是从横向层面展开思想政治教育链研究。较为一致的观点是思想政治教育链是由学校教育、家庭教育及社会教育构成的系统体系。如，有学者在研究思想政治教育合力形成机制的时候认为，学校教育、家庭教育及社会教育在思想政治教育中各有其特点、地位和作用，它们之间相互联系、相互促进，构成了环环衔接的思想政治教育链，从而形成了思想政治教育的最大合力。② 有学者认为，大学生信仰教育不应该局限于"两课"主渠道，"必须以高校、家庭、社会三位一体，形成'教育链'和教育合力，作为一项系统工程齐抓共管"③。有学者认为，思想政治教育不仅要发挥思想政治课主渠道、主阵地的作用，而且要聚集全社会的力量，"创造'大教育'环境，形成学校、家庭、社会贯通的教育链"④。有学者认为，只有通过作为思想政治教育链条的环节即学校教育环、家庭教育环、社会教育环之间的目标、内容、方法、手段等的一致性，且彼此协作，才能够使教育实践达到最佳效果。⑤ 有学者在研究大学生的社会主义核心价值体系教育过程的时候指出，要建立课内课外、校内校外紧密衔接的教育链；⑥ 有学者在研究社区思想政治工作的时候指出，思想政治教育链由学校环节、企业环节、单位环节及社区环节等四个环节的互动机制的

---

① 中共浙江省纪律检查委员会、浙江省监察厅：《浙江省构建惩治和预防腐败体系工作文集——理论与实践篇》，浙江人民出版社 2007 年版，第 221 页。

② 刘社欣：《思想政治教育合力研究》，人民出版社 2013 年版，第 147 页。

③ 侯俊、张学敏：《大学生思想政治教育生态互动链的构建》，载《武汉理工大学学报(社会科学版)》，2008 年第 5 期。

④ 中国高等教育学会、《中国高教研究》编辑部组：《中国高等教育启思录——百所地方本科院校办学理念与特色研究》，北京理工大学出版社 2009 年版，第 224 页。

⑤ 赵丰编：《市场经济条件下共青团工作新走向》，企业管理出版社 1996 年版，第 96—97 页。

⑥ 陈章龙：《大学生精神彼岸的探索——社会主义核心价值体系引领校园文化的实现机制研究》，社会科学文献出版社 2012 年版，第 150 页。

建立构成;① 有学者在论及社会主义核心价值体系教育的时候提出，要形成学校教育和家庭教育、社会教育相互融通融合的校内第一课堂与校外第二课堂衔接的“教育链”②。

最后，从教育链内涵出发的维度，认为教育链是由许多内涵的要素链条系统构成的整体。如，有学者认为，思想政治教育链，是指以供需关系分析为基础，为了实现教育资源的优化配置，取得最优教育效果，而使教育的主体、客体、目标、方法、内容、环境及环节相互配合、彼此协调，以形成一个有机整体。③ 具体来说，思想政治教育链由目标链、形式链、方法链、环节链、保障链及环境链等六大链条构成。

综上所述，关于思想政治教育链内涵研究的问题仍然未达成共识，且论证深度不够，多数仅是提出概念，并未深入展开研究，对于其特征、要素、结构、功能、运行等的研究都暂未涉及，还需要学界学者投入更多关注，加大研究力度。

除此之外，还有一些思想政治教育链相关研究，虽然没有直接论及“教育链”，但其已经涉入“教育链”的理念和属性，这些研究也是该选题研究的重要宝贵资料。如长江师范学院项福库创建的“三三式”教学，他认为高校思想政治理论课“三三式”课程教学是由“三典式”“三法式”“三段式”三种教学模式搭建的。“三典式”是以典型教育素材为引领、典型教学案例为充实、典型乡土资源为丰富的优化教学内容的教学模式；“三法式”是以情境再现方式，在师生间、学生与学生间、人与多媒体间的三维互动方式及案例探究方式构建的优化教学方法教学模式；“三段式”是以在理论课堂教学中、实践课程教学中及课程考核过程中优化教学进程的建构进程模式。实际上，该学者的“三典式”“三法式”“三段式”教

① 戴志伟:《社区思想政治工作新论》，中国社会出版社 2008 年版，第 12—13 页。

② 陈章龙:《大学生精神彼岸的探索——社会主义核心价值体系引领校园文化的实现机制研究》，社会科学文献出版社 2012 年版，第 148 页。

③ 陈娟娟、戴钢书:《教育链：增强高校思想政治教育实效性的新视角》，载《教育理论与实践》，2016 年第 12 期。

学模式是以教学内容紧扣教学方式，再紧扣教学进程的模式展开，已经构成了环环相扣的链条，且在各环内部也各自由三个次环构成，其间灌输着思想政治理论教学链、教育链理念、思维方式。① 同样，电子科技大学戴钢书教授多年来总结的高校思想政治理论课的理论教育、实践教育体系也贯彻着强烈的“教育链”思想。他主张建构经由“掘引”→“契新”→“激思”→“讲演”→“评叙”→“交流”等六个环节组成的高校思想政治理论教学体系，建构经由“观”→“听”→“访”→“演”→“帮”→“思”等六个环节组成的高校思想政治理论实践教学体系。② 东北师范大学在多年的思想政治教育中所倡导的“一本三向六段式”教学模式中的“三向”和“六段式”都具有强烈的教育链意涵，如以“理想”的导向教育、“职业”的定向教育、“毕业”的去向教育组成的“三向”教育，很好地体现了由入学的“导”，到中年级的“定”，再到高年级的“去”为主线的链式教育；又如针对大学生大学各阶段所表现出来的身心发展特点而分别设计的“适应式教育”“疏导式教育”“主体式教育”“分流式教育”“实践式教育”“体验式教育”等的六个层次分明、目标明确的阶段主题教育构成的“六段式”教育模式，更是蕴含了教育链思想。③ 王延风学者提出的青年品德教育工程是由“青年的自我认识”（教育起点）→“青年的自我塑造”→“青年的自主发展”→“青年的自身陶冶”→“青年的自我完善”（教育终点）等六个环节的相互联系、相互依存的一个由低到高、逐渐上升的程序得以完成。④ 浙江工业大学在思想政治理论课中建立起“学习共同体”教学模式。该模式由“情境设置”→“小组协作”→“协商对话”→“‘作品’呈现”→“教学相长”等五个环节的相

---

① 项福库、何丽：《创新教学模式——促进思政课教学可持续发展》，载《学校党建与思想教育》，2010 年第 16 期。

② 陈娟娟、戴钢书：《教育链：增强高校思想政治教育实效性的新视角》，载《教育理论与实践》，2016 年第 12 期。

③ 曾毅：《问题导向“助”理论“变”实践》，载《光明日报》，2010 年 12 月 13 日。

④ 王延风：《品德教育工程学》，科技文献出版社 1989 年版，第 12—15 页。

互衔接构成。① 上述可知，经过各高校多年的教育实践总结的教育模式中不乏教育链思想精髓，但由于太过于具体性、特殊性，凝练性、总结性不够，对于其本质的体现还不到位，仍然需要进一步加深研究。

总的说来，国内学者们就教育链、思想政治教育链所作的相关研究，是十分宝贵的文献资料，为本课题的继续深入推进提供智力支撑。但还存在如下一些问题：一是，关注人群太少，成果稀少。教育链涉及的领域较多，但各领域内关注的人群过少，未形成相应的规模；思想政治教育链关注者也颇少，相关研究文献十分稀少，不利于理论研究的纵深推进。二是，研究多是外围性探究，缺乏深入研究。多数学者仅仅抛出教育链、思想政治教育链等概念，并未对其内涵、本质、特征、功能、结构、运行、建构等进行深入系统的研究，这对于理论研究来说文献供给不足，增大研究难度。基于此，亟待加强思想政治教育链的研究。

二、国外研究现状

国外学者虽然也未直接提出教育链、思想政治教育链或意识形态理论教育链等相关概念，但国外学者关于教育过程、德育过程或意识形态理论教育过程的相关规律性问题的研究仍然是本研究的重要参考文献，为本研究的展开提供了有益的启发。归结起来看，国外学者就教育过程、德育过程或意识形态理论教育过程的规律性问题研究主要集中于以下几个方面。

其一，注重教育对象的道德认知发展规律研究。国外部分学者在研究道德教育教学过程的时候，非常关注教育对象道德认知发展规律的研究，以教育对象的道德认知发展规律作为展开教育教学过程的依据。如，有学者把儿童的道德形成和发展过程归结为“感知运动阶段”“前运算阶段”“具体运算阶段”和“形式运算阶段”等四个阶段，并要求教育者相继开

① 时长江、刘彦朝：《课堂“学习共同体”教学模式的探索——浙江工业大学〈思想道德修养与法律基础〉课建设的研究与实践》，载《教育研究》，2013 年第 6 期。

展与之相适应的道德教育实践活动。他认为，“刺激所有儿童的道德向上发展，如果方法得当，直至达到第六个阶段乃是一个正当的、合理的教育目的”①。另一学者在继承此观点的基础上，进一步将个体的道德形成发展过程细分为“前习俗”“习俗”“后习俗”等三个水平和其分别以“惩罚和服从”“能否满足自己的需要或能否带来对换帮助”“人际和谐一致或做‘好孩子’”“维护权威和秩序”“社会契约”和“普遍的伦理原则”等为行为定向的六个阶段过程②，且认为这个过程是“促进道德判断向下一个成熟水平的发展变化”③。可以说，这两位学者都是将个体的道德教育建立在个体的道德认知发展过程基础之上，主张道德发展过程是一个从低水平到高水平、从一个阶段到另一个阶段不断发展的过程。此外，还有学者提出的“道德同一性理论”认为意识的发展是青少年自我成长的核心，而这种意识的发展是随着年龄的增长而不断整合、发展的。这种理论还曾被认为是二十世纪反映人类发展最有影响力的理论之一。④ 这些关于教育过程的规律性认识，推动了教育教学的科学化发展，也为教育链研究提供了理论借鉴。

其二，注重教育过程的实践化、生活化研究。现代国外学者普遍反对传统的灌输式教育模式，强调教育过程的实践化、生活化，将道德认知与道德实践相结合。如，有学者非常强调实践活动对于道德认知养成的重要作用，他极力倡导“做中学”教学模式，强调“人们最初的知识和最牢固地保持的知识，是关于怎样做的知识”，“应该认识到，自然的发展进程总

---

① L. Kohlberg, E. Turiel, “Moral development and moral education”, G. Lesser, *Psychology Education Pratice*, Chicago: Scott Foresman, 1971, p. 440.

② 杨韶刚：《什么是有道德的人——当代心理学向科尔伯格提出的挑战》，载《教育理论与实践》，2003 年第 4 期。

③ M. L. Hoffman, L. W. Hoffman, “Re-view of child developmental research vol 1”, Lawrence Kohlberg, *The Development of Moral Character and Ideology*, New York: Russell-Sage, 1964, p. 425.

④ K. Welchman, *Erik Erikson: His Life, Work and Significance*, Berkshire: Open University Press, 2000, pp. 127-128.

是包含着从做中学的那些情境开始”。① 另一学者也非常强调实践对于获得认知的重要性，认为“学习是一个人经历过的任何部分或者方面尚存在于学习者的身上以备在将来的经验中相机再现的一种倾向”②，还强调，“一个人要学习任何事情，他必须首先经历那个事情”③。国外学者对教育过程的实践化、生活化的强调，对于反对传统的知识性灌输教学模式具有进步意义，对于教育对象的主体性的彰显也起到了不容小觑的作用，在科学揭示道德教育过程规律或意识形态理论教育过程规律方面也起到了重要作用，有利于教育链的完整建构。

其三，注重环境的渗透式教育研究。国外学者、教育者等都非常强调环境对个体道德、人格的渗透式教育影响。如，有学者认为，个体是在与环境的互动中成长的，因为“有机体与环境之间乃是一种真正的整合”④，“生活就是发展，而不断发展、不断生长，就是生活”⑤，因此他提出“教育即生活”“教育即成长”等著名的论断。除此之外，该学者非常强调学校要按照社会的原型展开教学，“使得每个学校都成为一个雏形的社会，以反映大社会生活的各种类型的作业进行活动……”⑥ 因为他认为：“道德适应环境而产生，某种道德与某种环境为善。对于他种环境又不然。”⑦因此，学校教育要尽量接近现实社会生活，这样才能够使学生形成符合现实社会生活的道德品质。另一学者也十分强调环境对于个体思想道德的塑造作用。他曾说：“给我一打健全的婴儿以及我可以培育他们的特殊世

① John Dewey, *Democracy and Education*, New York: The Free Press, 1966, p. 184.
② 王承绪、赵祥麟：《西方现代教育论著选》，人民教育出版社 2001 年版，第 58 页。
③ 王承绪、赵祥麟：《西方现代教育论著选》，人民教育出版社 2001 年版，第 62 页。
④ Tom Burke, *Dewey' Snew Logic—A Reply to Russell*, Chicago: The University of Chicago Press, 1994, p. 27.
⑤ 赵祥麟、王承绪：《杜威教育论著选》，华东师范大学出版社 1981 年版，第 154 页。
⑥ 赵祥麟、王承绪：《杜威教育论著选》，华东师范大学出版社 1981 年版，第 21—28 页。
⑦ 赵祥麟、王承绪：《杜威教育论著选》，华东师范大学出版社 1981 年版，第 453 页。

界……我都可以把他们训练成我所选定的任何类型的特殊人物……”① 虽然该学者否定人的主观能动性，持绝对的环境决定论，但他对于环境对人的塑造的强调仍然具有一定的进步意义。还有学者也指出，要将道德教育推广到学生生活的各种环境中，要“考虑到家庭、学校和社会中的那种道德气氛”②。国外学者对于环境对教育的影响的研究，非常形象地说明了教育要素之间的紧密联系，是教育链形成的重要依据之一。

其四，注重教育教学程序、阶段研究。国外部分学者也非常关注教育过程的顺序性、程序性和阶段性等问题研究。如有学者认为教育者在展开教育的时候要依据具体的教育目的而对教育内容的施教顺序作出适当的调整安排，因为教育教学程序的优劣直接关系到教育效果的好坏。为了保证教育教学程序的良好性，他强调要归纳出教学的一般法则，要掌握学习过程规律，教育内容的安排要依据教育对象的学习能力及教育要求展开等。③另一学者则直接展开最优化教学过程研究，并认为最优化的教学过程是指，“在全面考虑教学规律、原则、现代教学的形式和方法，该教学系统的特征以及内外部条件的基础上，为了使过程即既定标准看来发挥最有效的（即最优的）作用而组织的控制”④。该学者还具体分析了最优化教学过程的组成、构成阶段和基本规律等，丰富了教育过程理论研究，也为本研究提供了知识借鉴。此外，还有部分学者对教育教学过程阶段的划分展开了研究。如有学者将掌握学习的过程具体划分为准备阶段、实施阶段和小结阶段等三个阶段；⑤ 有学者将教学过程划分为确定帮助的情景、探索

---

① 车文博：《西方心理史》，浙江教育出版社 1998 年版，第 372 页。

② Lawrence Kohlberg, “The Cognitive—Development Approach to Moral Education”, *Humanist*, No. 32, 1972, p. 191.

③ 田本娜：《外国教学思想史》，人民教育出版社 1994 年版，第 480 页。

④ ［苏联］巴班斯基：《教学教育过程最优化——一般教学论方面》，人民教育出版社 2007 年版，第 57—58 页。

⑤ 布卢姆：《布卢姆掌握学习论文集》，王钢译，福建教育出版社 1986 年版，第 83—85 页。

问题、形成见识、计划和抉择和整合等五个阶段①。

上述国外学者关于教育过程、德育过程或意识形态理论教育过程的规律性认识对于推动意识形态理论教育教学的科学化发展和教育过程规律研究具有积极意义，但是总体上缺乏综合性视野和整体性构建研究。如有些学者意识到显性道德、理论教育课程建设的重要性；有些学者重视隐性道德、意识形态理论教育；有些学者重视道德思维训练；有些学者又重视道德认知能力训练，或多或少都缺乏整体性、综合性思维。那么，从这个意义上说，教育链研究则是弥补该缺陷的重要选择。

具体来说，“思想政治教育链”这一论题的研究还需要在以下几个方面予以拓展和深化。第一，研究视角的系统化和整体化。思想政治教育链研究是要审视大学生思想政治教育系统内部的结构关系与整体性，本就应该具有系统的研究视角。在研究过程中要着眼于系统与要素、整体与部分相互协调互动之中构建思想政治教育链。第二，研究视域的拓展与扩大。思想政治教育链是思想政治教育理论与教育学、工程论、系统论、控制论等相关理论知识结合的统一体。在进行思想政治教育链研究的时候，要扩大学科视野，加强学科交流，注意吸收借鉴相关学科的有益知识。第三，研究要素的宏观性和微观性相统一。思想政治教育链研究既要重视思想政治教育链系统构成的一般理论研究，也要深入思想政治教育链运行的规律性问题研究，要做到宏观性分析和微观性把握相统一，才能够做到系统、完整、科学。第四，研究的理论性与操作可行性相结合。思想政治教育链研究是理论与实践相结合的论域典型，一方面要加强思想政治教育链的理论阐述，剖析其内涵与外延，使其学理化、学术化；另一方面，要加强理论的实践操作可行性原则，该理论具有极强的理论应用意义，在进行理论深入剖析的时候，要考虑实践操作指导性因素。

---

① 田本娜：《外国教学思想史》，人民教育出版社 1994 年版，第 456 页。

第三节　基本概念分析

毛泽东曾指出，“概念这种东西已经不是事物的现象，不是事物的各个片面，不是它们的外部联系，而是抓着了事物的本质，事物的全体，事物的内部联系了”①。因此，要科学揭示思想政治教育链内涵，首先必须对本论题涉及的基本概念加以界定，进而明确其内在规定性。

一、链

语义学上，链是一个会意字，它的左边从金，表示其是由金属材料构成；它的右边从连，表示其环环相连的属性，其本义是指金属链条。《新华字典》给出的解释是，链具有两层意思：其一，是指金属环节的连套而形成的索子，如链子、链轨、项链、锁链等；其二，是指计量海洋距离的长度单位，1/10 海里为一链。实际上在我们的生活中链除了上述意涵之外，它还具有第三层引申意涵。那就是在食物链（生物链）、产业链、供应链、信息链、知识链等对“链”概念的运用。

我国西汉时期的思想家刘向曾对生物领域的食物营养关系作过这样的阐释：“园中有树，其上有蝉，蝉高居悲鸣饮露，不知螳螂在其后也；螳螂委身曲附，欲取蝉，而不知黄雀在其旁也；黄雀延颈欲啄螳螂，而不知弹丸在其下也。”（《说苑》）刘向已经描述了“树→蝉→螳螂→黄雀→弹丸（人）”这样一条食物营养链。明确提出食物链概念的是埃托。之后，美国生态学家林德曼对赛达伯格（Cedar Bog）湖的各种生物物种之间的物质、能量交换规律进行研究时，大大地丰富和发展了食物链概念，食物链也成了生态系统学的基本概念。食物链是指在生态系统中所固有的一定的

---

① 《毛泽东选集》第 1 卷，人民出版社 1991 年版，第 285 页。

物质和能量，通过生物间的吃与被吃关系而连续、循环地转换、传递，各种生物按照这种食物营养联系建立起一定的序列关系。

生物界由于生物之间建立的这种环环相扣、节节相连的物质、能量转换、传递系统而保持了生态平衡。在人类社会的经济领域，各个企业、各个产业要想获得和谐、稳定发展，就离不开相互之间的协作、互助。1958年，美国经济学家艾伯特·O. 赫希曼在其所著的《经济发展战略》一书中提出了“赫希曼基准”又称“关联效应标准”，用来描述在产业经济活动过程中产业间联系和相互依赖度。傅国华在1990年的海南热带农业发展的课题中，最早提出了“产业链”概念。① 产业链概念也在学界引起了相当的关注。一般来说，产业链是指各个产业之间以增值为目的、以产品为对象，而结成的上下游企业、产业之间的投入与产出（供给与需求）的关联关系。供应链和产业链是一个非常相近的概念。产业链往往运用在经济学领域，供应链运用在管理学领域，它们都是对产业间关联关系的描述，只是侧重点不一样。产业链是从宏观的视角考察产业间的关联关系，而供应链从微观的视角具体考察上下游企业之间的供需关系。可以说，供应链是产业链的一种表现方式。

此外，还有我们熟知的信息链、知识链等。信息链是由“事实”环、“数据”环、“信息”环、“知识”环及“情报”“智能”环等五大环节环环相扣构成的链系统。② 知识链概念首先是由迈克尔·波特提出。在他看来，某个知识组织的创新是具有周期性的，而在这个周期内的相互联系、协作、互动的一系列过程，即内部知晓过程、内部响应过程、外部知晓过程及外部响应过程的连续展开就称之为知识链。在陈志祥看来，知识创新过程反映的是从“投入”到“转化”再到“创新”等环节构成的无限循环过程，而参与这个过程的所有人之间的联系关系的建立与维系都是基于

---

① 李心芹、李仕明、兰永：《产业链结构类型研究》，载《电子科技大学学报（社科版）》，2004年第4期。

② 梁战平：《情报学若干问题辨析》，载《情报理论与实践》，2003年第3期。

这个过程主线索，这个主线索就是知识链。①

从上述生物链、产业链、供应链、信息链、知识链等概念内涵的审视，可以归纳出链的具体内涵。

第一，链是系统内部各组分之间的关联关系。概念（定义项）= 种差+属。那么，要对链的内涵加以认识，首要的是明确链在属上是什么。通过之上对链相关概念的分析，我们知道链在属上是一种关联关系。而这种关系是对系统内部的各组分的结构关系的描述。如，食物链描述的是生态系统内各生物之间的关联关系；产业链描述的是产业系统内的各产业之间的关联关系；供应链也是描述产业系统内各产业、企业之间的供应关联关系；信息链是描述信息传递系统内各阶段信息状态之间的关联关系；知识链是描述知识组织创新系统内知识创新活动的关联关系。需要指出的是，系统的各组分之间不仅具有链的相关关系，而且还有环型、嵌套型、塔式型、树状型、网络型等相关关系。可知，链是系统的结构关系的其中一种。

第二，这种关联关系具有客观实在性。链内部要素的关联关系，并非任意的、人为的组合，而是强调遵循客观规律，而有序、自然的建立。例如，生物链是由于营养关系而建立的生物的吃与被吃的链式循环系统，产业链则根据供求规律而形成与运行，信息链以信息传递的客观规律为依据，知识链以知识创新的客观规律为依据。

第三，这种客观的关联关系具有时序性。序指次序，也就是指事物的顺序性、条理性。序强调次序、条理，那么就存在有序与无序两种状态。从哲学的角度看，事物内部的各组成部分之间或事物与事物之间的关系是规则的称为有序，无序则恰好相反，表示没有规则可言，是杂乱无章的关系。② 事物的有序是遵循某种规则，那么，依据不同的规则，事物的次序、

---

① 陈志祥：《论知识链与知识管理》，载《科研管理》，2000 年第 1 期。

② 沈小峰、王德胜：《自然辩证法范畴论》，北京师范大学出版社 1986 年版，第 152 页。

条理具有多种类型，如空间序列、时间序列、数量序列、等级序列、程度序列等。时序即时间序列，也就是指依据时间进展的关联次序。链的内部各环之间的客观关联关系具有时序性。如，食物链中的食物级之间都是下一级吃掉上一级的关系；产业链中上下游企业之间的上游企业是下游企业的准备，下游企业是上游企业的接续的关系；供应链中企业之间体现的是上游的供给与下游的需求的关系；信息链中各种信息状态是依次转化的关系；知识链的知识加工的各个环节则体现为过程中的各个阶段。

第四，这种客观的关联关系是输入与输出的关系。链内部各环之间的时序关联关系强调的是链的结构布局，而链内部各环之间的输入与输出关系则强调逻辑因果关系。也就是说，链内部各环节之间往往前一环节是后一环节的输入，后一环节是前一环节的输出。如在“栽桑→养蚕→缫丝→织染”这一简单形式的链条中，必须是栽桑后桑叶被蚕虫吃了，蚕再吐丝，最后把丝线转化为布匹，也就是说，必须是栽桑在先，养蚕缫丝在后，而且栽桑是因，养蚕是果，而不是相反。再如，“牧草→黄鼠→跳蚤→鼠疫细菌”的寄生食物链中，必须是牧草转化为黄鼠，黄鼠再转化为跳蚤，跳蚤再转化为鼠疫细菌。产业链与供应链是链上的各节点企业通过加工、包装、运输、销售等活动把原始材料转变为消费者的产品的运行过程，上游企业的活动自然是下游企业的输入，下游企业活动自然是上游企业的输出；信息链反映的是信息传递过程中不同阶段的信息表现状态，各信息状态之间自然是输入与输出的关系；再如，知识链表现的是知识加工各阶段的活动过程，下一阶段的开启自然是承接上一阶段的活动输入。

第五，链具有多种表现形式。从上述链的相关概念的界定来看，基于研究者的研究视角及系统的内部构造不同，链的表现形式不同。归纳起来有三个维度：一是，从系统内部主体之间的关系出发，界定链的概念，如对生物链及产业链、供应链概念的界定；二是，从系统运行过程的各阶段呈现的状态视角出发，研究链的概念，如对信息链的界定；三是，从系统运行过程的各阶段或各环节之间的关系出发，界定链的概念，如对知识链概念的界定。

综述可知，所谓链是指，系统内的各组分遵循客观规律形成以输入与输出为纽带的具有时间次第的关联关系。需要说明的是，链不仅是对局部两个要素、组分或环节之间的关联关系的描述，而且指这种关联关系构成的系统的结构关系统一体。

二、教育链

链是系统的结构关系之一。也就是说某事物是系统组织，但并非其内部的各组分之间是链结构。因此“教育链”概念的成立在于教育是一个系统，而且其内部各要素之间构成了链式结构关系。

教育是教育者依据一定规律对教育对象传输一定的知识、价值、技能等，使其得到某方面或多方面的提升、发展的实践活动。教育是否是一个系统？系统是“由相互作用和相互依赖的若干组成部分结合成的具有特定功能的有机整体”①。可知，构成系统的要件包括多组分性、相关性、一体性。教育要成为系统，则必须具备这些要件。首先，教育具备多组分性特征。系统内部相互作用、相互关联的部分、要素称之为组分。一个系统至少是由两个组分及其以上构成。多组分是系统的常态和存在前提。教育内具有多元组分，包括教育者、受教育者、教育内容、方法、载体、机制、评价等。其次，教育内部各要素、各组分具备相关性特征。系统内部的各组分之间必定具有某种相关关系，不存在孤立元、独立元。集合中存在孤立元、独立元则不能成为系统。多组分性是系统存在的前提，而各组分之间的相关性则是系统存在的关键。教育内部的各要素、组分之间是围绕教育目标的实现结合在一起的，依据一定的教育规律相互作用、相互依存的关系，说明了各个组分之间具有相关性。最后，教育具备一体性特征。多组分性与各组分之间的相关性的结果就是一体性显现。诸要素按照一定的

---

① 苗东升：《系统科学大学讲稿》，中国人民大学出版社 2007 年版，第 14 页。

结构关系相互关联起来，它就能够作为一个统一整体运行，不仅对内具有整体协调、控制的功能，而且以统一整体与外界相互作用，这就是系统的一体性属性。可以说系统的本质属性不在于其内部蕴含的“多”，而是强调各组分协调运作的“一”。教育是统一体、整体的形式实现文化传承、教育对象提升的功能。因此，教育是一个完整的系统组织。

教育系统组织是教育链结构关系存在的充分条件，教育系统内部的各要素、各组分之间具有“遵循客观规律形成以输入与输出为纽带的具有时间次第的关联关系”则是其必要条件。链内部各环之间的关系具有时间次性，也就是说链以过程的形式存在。那么，教育链的成立还在于教育系统表现为过程运动。教育是教育者依据一定规律对教育对象传输一定的知识、价值、技能，使其得到某方面或多方面的提升、发展的实践活动。实际上教育以过程的形式存在。那么，对教育系统的研究不仅可以从教育者、教育对象、教育内容、教育目标、教育方法等要素的视角考察其系统结构关系，还可以从过程的视角考察其内部各环节、阶段之间的关联关系。那么，教育链概念成立的必要条件便转化为教育过程各环节、各阶段之间的“遵循客观规律形成以输入与输出为纽带的具有时间次第的关联关系”。

教育过程的根本矛盾就是教育对象的实然状态与社会要求的应然状态之间的矛盾，但这个根本矛盾不会立刻消解，它有一个消解的过程，在过程中往往以逐渐激化的形式表现，那么就表现出具体的阶段性，如，教育过程可以具体划分为教育准备、教育实施、教育评价等阶段环节。且教育过程中的各个阶段，如教育准备、教育实施、教育评价等都是按照时序依次展开。可以说，教育过程是阶段性与连续性相统一的。此特性决定了教育过程的各阶段、各环节之间具有时间次序。而且教育过程的阶段性的划分以及阶段之间的连续性是由矛盾的运动发展过程决定，因此，教育过程的各阶段之间的连续性关联关系具有客观实在性。

那么，最后要论证的是教育过程中相邻阶段、环节是输入与输出的关系。教育过程是教育者根据教育目标，依据受教育者的身心发展规律，有组织、有计划、有目的地对受教育者施加教育影响的过程。教育过程的各阶段、各环节的划分及相互衔接都围绕教育目标而展开。教育目标也即是要使受教育者掌握社会要求的知识、价值、思想观念等。从宏观上说使受教育者掌握社会要求的知识、价值、思想观念等是贯穿其一生的实践，也就是说教育过程贯穿人的一生，人生各阶段的教育活动的衔接构成总的教育过程。社会要求的总的教育目标分别由人生各阶段的分目标依次的实现得以实现，而人生各阶段的教育分目标以相应的人生各阶段的教育活动的组织实施得以实现。那么，从宏观上说，人生前一阶段的教育活动都是下一阶段的输入，下一阶段的输出都是在上一阶段教育活动的输入基础上。宏观上说，教育过程的各阶段、各环节具有输入与输出的关系。从微观上说，特指一定的、具体的教育目标实现指引下的教育过程。微观的教育目标是通过几个转化加以实现，即社会要求的应然知识、价值、思想观念转化为教材体系，教材体系再转化为教学体系，最后教学体系再转化为受教育者的思想素质体系，受教育者的思想素质体系再转化为受教育者的行为规范体系。每一个转化都是教育目标的部分实现，每一个转化都以教育过程的各阶段、环节的形式存在。那么，教育目标的实现过程就表现为教育过程中的各阶段或各环节的相互衔接关系的总和。实质上，教育过程的各阶段、各环节表现为从社会要求知识、价值、思想观念等转化为受教育者的思想素质及行为规范形态的过程中对原始状态的社会要求的知识、价值、思想观念等的一系列加工活动。可以说，教育过程的上游阶段、环节的结果是下游阶段、环节的输入，下游阶段、环节输出是在上游阶段、环节的输入基础上。教育过程的各阶段或各环节之间具有输入与输出的关系。

综上可知，教育系统内部具有链式结构关系。那么，教育链就是指教育系统的链式结构关系。所谓教育链是指教育过程中的各阶段或各环节遵循教育规律而形成的以输入与输出为纽带的具有时间次第的关联关系。简单地说，教育链是指教育过程的各阶段或各环节之间的相互衔接关系的统一体。需要注意的是，这种衔接关系是教育过程中相邻两个阶段或环节之间遵循规律建立的以输入与输出为纽带的前后向关系。

三、思想政治教育

关于思想政治教育的所指，学界有广义和狭义两类观点。从广义上说，思想政治教育指“社会或社会群体用一定的思想观念、政治观点、道德规范对其成员施加有目的、有计划、有组织的影响，使他们形成符合一定社会、一定阶级所需要的思想品德的社会实践活动。”① 从狭义上说，思想政治教育则是指向马克思主义理论教育的实践活动。1987 年，中央颁布的《关于改进和加强高等学校思想政治工作的决定》中强调，思想政治教育是以马克思主义理论为基础的科学。② 中央 2004 年推行的《关于进一步加强和改进大学生思想政治教育的意见》中又强调，“要坚持不懈地用马克思列宁主义、毛泽东思想、邓小平理论和‘三个代表’重要思想武装大学生”③ 2005 年的《关于进一步加强和改进高等学校思想政治理论课的意见》中再次强调，“高等学校思想政治理论课承担着对大学生进行系统的马克思主义理论教育的任务”。可见，马克思主义理论教育在思想政治教育中具有基础性和核心性地位。因此，从狭义上，思想政治教育是指，以马克思主义基本理论及马克思主义中国化理论来武装教育对象大脑，使其形成马克思主义的理论认知，养成马克思主义的信仰理念，并在实践中运用马克思主义的立场、观点、方法分析问题和解决问题的活动。本研究所指的思想政治教育是从狭义上理解。具体来说，要把握思想政治教育的科学内涵，还需要注意以下两个方面：

---

① 陈万柏，张耀灿：《思想政治教育学原理》第二版，高等教育出版社 2007 年版，第 4 页。

② 《十二大以来重要文献选编（下）》，人民出版社 1988 年版，第 1419 页。

③ 《十六大以来重要文献选编（下）》，人民出版社 2006 年版，第 180 页。

一方面，思想政治教育是阶级性与科学性相统一的实践活动。马克思主义理论反映的是广大无产阶级的共同利益和共同意愿。它在社会主义国家的意识形态领域占据着主导地位。对其进行宣传、弘扬的教育实践自然具有强烈的意识形态性和阶级性。具体来说，它的阶级性表现在它的教育目的、教育内容、教育立场等方面。在教育目标上，它是要培养社会主义的建设者、马克思主义的信仰者，正如列宁所指出的，培养真正的共产主义者是政治教育的根本目的所在①；在教育内容上，它以马克思主义基本理论与中国化马克思主义理论作为主要内容，鲜明地反映着无产阶级的根本立场以及社会主义的本质属性；从教育立场上看，不论是教育者施教过程，还是教育对象的受教育过程，都必须以马克思主义的立场展开。科学性也是思想政治教育的根本特性之一。其科学性是由于其教育内容，即马克思主义理论的科学性。恩格斯指出，“我们党有个很大的优点，就是有一个新的科学的世界观作为理论的基础”②。列宁也强调，“马克思学说具有无限力量，就是因为它正确”③。马克思主义理论的科学性还在于其开放性特征。它是与时俱进、不断发展完善的理论体系。正如恩格斯指出的，“我们的理论是发展着的理论，而不是必须背得烂熟并机械地加以重复的教条”④。无产阶级根本利益的马克思主义理论与科学具有一致性。正如恩格斯指出，“科学越是毫无顾忌和大公无私，它就越符合工人的利益和愿望”⑤。可见，阶级性与科学性相统一是思想政治教育的本质特征。

另一方面，思想政治教育是理论性与实践性相统一的实践活动。思想政治教育内容的理论性，决定了其教育实践的理论性。马克思主义理论是关于自然界、人类社会和思想发展的普遍规律性认识的学说体系，较之于一般常识性知识来说，具有抽象性、思辨性，那么，对其进行宣传、弘扬

---

① 《列宁专题文集 论社会主义》，人民出版社 2009 年版，第 174 页。
② 《马克思恩格斯文集》第 2 卷，人民出版社 2009 年版，第 599 页。
③ 《列宁专题文集 论马克思主义》，人民出版社 2009 年版，第 67 页。
④ 《马克思恩格斯选集》第 4 卷，人民出版社 1995 年版，第 681 页。
⑤ 《马克思恩格斯文集》第 4 卷，人民出版社 2009 年版，第 313 页。

的教育实践自然表现出理论性特征。这也是马克思主义经典作家一贯强调理论“灌输”的重要作用的原因所在。实践性也是思想政治教育的重要特性之一。正如马克思强调，“问题在于改变世界”①。也就是说开展思想政治教育不仅要让大学生掌握马克思主义科学理论，而且要将其转化为实践行动。正如习近平指出的，“着眼于马克思主义理论的运用，着眼于对实际问题的理论思考”②。

四、大学生思想政治教育

作为弘扬、传播主流意识形态重要渠道的思想政治教育，其对象包括党员、干部、工人、农民、学生等广大社会成员。但就大学生的历史地位来说，其接受理论教育所具有的实效性，直接关系到整个国家理论教育水平的高低，关系到国家的发展与社会的进步。从这个意义上来说，思想政治教育的重点对象是大学生。因此，本研究将重点聚焦于大学生的思想政治教育实践。所谓大学生思想政治教育是指，以马克思主义基本理论和中国化马克思主义理论来武装大学生的头脑，使其形成马克思主义理论的基本认知，树立马克思主义的信仰，养成在实践中自觉运用马克思主义的立场、观点、方法分析问题、解决问题的行为规范的实践活动。需要说明的是，本研究中的大学生主要指“在高等学校读书的学生”③。

---

① 《马克思恩格斯文集》第 1 卷，人民出版社 2009 年版，第 502 页。

② 《习近平总书记系列重要讲话读本》，学习出版社、人民出版社 2014 年版，第 12 页。

③ 黄河清：《近现代词源》，上海辞书出版社 2010 年版，第 129 页。

第四节 研究的思路、方法及创新点

要科学、有效地展开研究，就要对整体研究思路有清晰的认知，对所采取的方法有所把握，对要实现的创新之处了然于心。本研究的开展，仍然需要厘清研究思路，选择适当的研究方法，明晰创新之处。

一、研究的思路

大学生思想政治教育各环节之间的相互衔接、相互促进的结构关系是思想政治教育链研究的对象。本书的基本思路是：从探究大学生思想政治教育链的马克思主义理论基础和挖掘古今中外主流意识形态理论教育过程的环节、时序、规律、程序等相关思想资源；再进一步从研究思想政治教育链的内涵、功能、结构、形成与运行等基础理论到关照现实，研究其相应的完善对策，以完整、系统、全面地构建思想政治教育链理论体系。具体来说，本文的研究框架如下：

第一章：绪论。概述本论题研究缘起及研究意义，以把握研究背景与挖掘研究价值；对当前国内外思想政治教育链相关理论研究进行综述评论，以掌握理论界研究动态与发现研究空间所在；对本论题涉及的基本概念进行分析，明晰研究方向；对本论题的研究逻辑思路、方法及创新点进行拟定，以确定研究进路。

第二章：思想政治教育链的理论基础与思想资源。本章聚焦于通过马克思主义经典作家关于包括联系、发展、过程、矛盾、规律等原理在内的唯物辩证法，包括认识的本质、运动过程及规律等原理在内的认识论及思想政治教育环节等相关思想观点的归纳总结，为本研究奠定坚实的理论基础；再通过中国传统社会教育过程环节、时序相关思想，西方社会主流意识形态理论教育过程规律、形式阶段、程序等相关思想进行挖掘梳理，揭示教育过程环节、规律、程序等相关思想、观点的发展、演进轨迹，为本研究的推进提供丰富的思想资源。

第三章：思想政治教育链的含义、特征及功能分析。本章聚焦于思想政治教育链概念的含义界定，与教育工程、机制、程序等相关概念的联系与区别的分析，以明确该论题的研究对象；再对思想政治教育链的特征及功能展开深入研究分析，以进一步厘清思想政治教育链的内涵与外延。

第四章：思想政治教育链的结构分析。本章聚焦于对思想政治教育链的内在结构、形态结构及层级结构的分析。其一，对其内在结构展开分析，厘清其内在构成要素及结构关系；其二，从具体形态上对其宏观和微观形态结构展开分析，进一步明晰其结构组成；其三，从整体的角度对其层级结构展开分析，深层次把握其结构关系。

第五章：思想政治教育链的形成机理分析。本章先分析思想政治教育链形成的客观依据，探究其形成的前提条件；再分析思想政治教育链形成的主观动因，探究其形成的关键所在；最后分析思想政治教育链形成的具体路径，明晰其形成过程。

第六章：思想政治教育链的运行机制分析。本章首先分别对思想政治教育链的动力机制、整合机制、沟通机制、协调机制、延伸机制的概念、功能及运演展开分析，再研究各机制在思想政治教育链运行过程中的相互关系，致力于客观、形象地阐释处于运动状态的理论教育链形态。

第七章：思想政治教育链的完善对策。本章在结合思想政治教育链的理论内核以及现存问题的原因分析基础上，从增强建构意识、健全组织体系、完善运行机制、优化运行环境及加强理论研究等五个方面提出了思想政治教育链的完善策略。

最后，全文总结与展望。围绕本研究关于思想政治教育链的理论与实践探讨，进行概括性评价和总结，就未来的研究进路给予展望。

二、研究的方法

马克思指出，“不仅探讨的结果应当是合乎真理的，而且得出结论的途径也应当是合乎真理的”①。因此，研究中要注重适合方法的选择。本研究以马克思主义唯物辩证法和现代系统分析法为基础方法，在此基础上采取了文献研究与经验总结相结合方法、逻辑与历史相一致方法、分析与综合相统一方法、理论与实践相联系方法等主要方法深入展开研究。

（一）文献研究与经验总结相结合方法

文献研究是研究者围绕研究主题展开相关文献资料搜集、分类、整理分析，以获取、占有相关研究信息。它具有跨越时空性、间接性、权威性等特征，在进行理论研究中具有在有限时间内获取尽可能多的相关信息的优势，是理论研究的基本方法之一。马克思曾说，仅就以唯物主义的立场、观点研究一个历史事件，也“只有靠大量的、批判地审查过的、充分地掌握了的历史资料，才能解决这样的任务”②。“研究必须充分地占有材料，分析它的各种发展形式，探寻这些形式的内在联系。只有这项工作完成以后，现实的运动才能适当地叙述出来。”③ 本研究就是在对当前理论界关于教育链、思想政治教育链等方面研究的相关文献资料的占有情况下，把握当前该选题的理论研究动态。此外，本研究的深层次推进与展开也需要占有更多的相关文献资料。就思想政治教育链涉及的文献内容来说，包括中外古今主流意识形态教育的历史文献，马克思主义经典作家关于理论教育的相关经典论述和思想、观点，中国共产党的思想政治教育实践中形成的相关文献及党中央的相关政策、方针，理论界学者围绕该主题展开的相关研究文献，思想政治教育、教育学、心理学等相关学科的文献，以及系统论、控制论、信息论等相关现代思维方法的文献资料等。在文献研究的基础上，还需要纳入经验总结的方法。经验总结就是研究者根据分析、综合、归纳、演绎等唯物辩证思维方法对围绕研究主题的实践工作进行相关经验性、规律性的总结，使其上升为具有普遍意义的理论思想。经验的

① 《马克思恩格斯全集》第1卷，人民出版社1995年版，第112页。

② 《马克思恩格斯文集》第2卷，人民出版社2009年版，第598页。

③ 《马克思恩格斯文集》第5卷，人民出版社2009年版，第21页。

方法具有悠久的历史渊源。在原始社会初期，先民们就开始口耳相传经过反复实践形成的经验技能。本研究旨在为思想政治教育链建构实践提供理论指导，具有强烈实践性指向。那么，在本研究的开展中有必要综合运用经验总结方法对大学生思想政治教育及教育链建构的成绩、经验、教训进行阶段性总结，为思想政治教育链的本质分析及体系建构提供现实依据。为了确保所得经验总结的客观性、真实性、丰富性、全面性，在进行经验总结的时候不仅要注重所涉经验主题的横向坐标的宽度，也要注重其历史纵向坐标的长度。也就是说，在对大学生思想政治教育活动及教育链建构活动的经验总结时，在地域范围上不仅包括中国，还包括国外的主要发达国家；在时间范围上，不仅要注重当下，还要关注古代社会。

（二）逻辑与历史相一致方法

恩格斯指出："对经济学的批判，即使按照已经得到的方法，也可以采用两种方式：按照历史或者按照逻辑。"① 恩格斯所说的历史范畴，其一，是客观存在的事物、现象发展、演变的历史过程；其二，是反映对这种客观存在的事物、现象发展、演变规律认识的历史过程。逻辑则是指客观事物的发展规律、特性、发展轨迹通过人的理性思维加工，在人的思维中的再现、表达。唯物辩证法认为，逻辑与历史是辩证统一的。逻辑与历史的辩证统一方法，一方面，要坚持逻辑与历史的一致性，即历史是逻辑的基础和前提，逻辑是历史的思维表达和再现。正如恩格斯曾说："历史从哪里开始，思想进程也应当从哪里开始，而思想进程的进一步发展不过是历史过程在抽象的、理论上前后一贯的形式上的反映"②。另一方面，要求在注重逻辑与历史的统一中又要关注彼此表现出来的对立。历史的展演过程中夹杂着偶然因素、次要因素以及曲折环节，表现得很具体、形象，逻辑表达则是经过大脑的分析、综合、归纳、演绎等思维方式加工，抛开历史中存在的偶然性、次要性、曲折性，提炼出主流的、具有必然性的根

---

① 《马克思恩格斯文集》第 2 卷，人民出版社 2009 年版，第 603 页。

② 《马克思恩格斯文集》第 2 卷，人民出版社 2009 年版，第 603 页。

本倾向的历史，它更能够客观、深刻地反映历史。因此，逻辑表达不仅要注重与历史保持一致性，更要在遵循历史的基础上，经过去粗取精、去伪存真等思维过程构建历史具体的再现。这个历史的具体并非原原本本地还原历史事实本身，而是经过抽象思维后的历史的内在逻辑在思维中的再现，它比历史事实本身更加深刻。实际上逻辑与历史相统一方法遵循了"从具体到抽象"到"从抽象到具体"的思维发展过程。可以说任何科学实践都离不开逻辑与历史相一致方法的运用，在本选题的研究展开中，自然要遵循逻辑与历史相一致的方法。一是，要坚持逻辑分析的应然性与历史发展的实然性相一致。建构思想政治教育链的理论体系要从实践和理论发展的历史进程出发，探索人类社会主流意识形态理论教育过程环节、规律的发展历史以及主流意识形态理论教育过程环节、规律理论的发展历史，确保理论体系的建构具有客观事实依据，是历史与现实、历史经验与理性思维的统一；二是，又要按照一定的逻辑结构对人类社会主流意识形态理论教育过程环节、规律发展历史和人类社会主流意识形态理论教育过程环节、规律理论发展历史作适当的调整，抛弃其中的次要的、偶然的因素，抓住本质的、必然的因素，架构思想政治教育链的科学理论体系，实现思想政治教育链理论探索与逻辑的有机统一。

（三）分析和综合相统一方法

所谓分析就是在思维中把认识对象、认识客体分解为各个要素、部分、方面、环节、零件……从而加以一一分别研究的方法。所谓综合就是在对分解的各部分、方面、要素、环节、零件……的一一研究的基础上，对分析结果经过思维加工，综合为一个整体的思维方法，但是这种综合不是将各部分、方面、要素、环节、零件等的功能、信息简单地相加或凑合，而是在思维中把各部分、方面、要素的本质方面按照内在规律和内在联系有机地结合为一个统一的整体。唯物辩证法认为，分析和综合是辩证统一的，分析是综合的基础，"思维既把相互联系的要素联合为一个统一体，同样也把意识的对象分解为它们的要素”①。只有在充分的分析基础上，把复杂整体化为简单个体，把一般现象分解为个别现象加以研究，才能够认识事物的本质特性，才能达到具体的综合；而综合是分析的目的和完成，“因为一切思维的本质就在于把意识的要素联合为一个统一体”②。只有通过综合才能使认识从片面上升为全面，从局部上升为整体，从个别上升为一般，从而把分析得出的简单、抽象的规定上升为具有多样规定性统一的整体加以表现。在实践中，由于认识对象、认识客体的复杂性，也由于认识主体的认识能力的有限性，只有充分运用分析与综合相统一的方法，才能够实现客观的、科学的认识。正如马克思所指出的，“社会现象的分析既不能用化学药剂，也不能用显微镜，而只能用抽象力来代替”③。这种“抽象力”主要表现为对认识对象、认识客体的要素分析的基础上进行综合研究的能力，即分析与综合相统一的方法的使用。在本研究中运用分析与综合相统一方法，首先就是要通过分析方法，对思想政治教育链的构成要素、构成环节、构成部分一一加以研究，把握各要素、各环节、各部分各自的组成、特性及功用，最后再通过综合的方法，把思想政治教育链的各要素、各环节、各部分按照内在规律性和内在联系联结起来，研究其表现出来的整体性特性、功能、结构关系及运行模型等。

（四）理论与实践相联系方法

理论来源于实践。实践的需要是引发理论研究的动因，同时，理论研究的材料也来自实践，理论的科学性还要接受实践的检验，最后，理论的科学性是为实践服务。因此，“正确的理论必须结合具体情况并根据现存条件加以阐明和发挥”④。在进行马克思主义相关理论研究的时候，一定要坚持运用理论与实践相结合方法。在本研究的开展中，坚持理论与实践相

---

① 《马克思恩格斯文集》第9卷，人民出版社2009年版，第45页。
② 《马克思恩格斯文集》第9卷，人民出版社2009年版，第45页。
③ 《马克思恩格斯文集》第5卷，人民出版社2009年版，第8页。
④ 《马克思恩格斯全集》第27卷，人民出版社1972年版，第433页。

联系方法，表现在两个方面：一是，将思想政治教育链基础理论的分析建立在实践之上。本研究展开的逻辑起点就来源于实践的需要。那么，在以现有的相关文献资料的分析为基础，从探寻中国传统社会、西方社会的主流意识形态理论教育过程环节、规律等思想渊源，挖掘马克思主义理论经典作家的理论教育过程环节相关论述之上所构建起来的关于思想政治教育链的内涵、特征、功能、结构、形成与运行等基础理论自然也要紧密联系实践，要以实践为导向，致力于为实践服务。二是，本研究不仅关注基础理论研究，也重视应用性理论研究。具体来说，本研究在对思想政治教育链的相关基础性问题展开研究之后，将研究落脚于现实问题的研究。通过问卷调查的实证研究方法对现状进行把握，分析其问题所在，并给予相关有针对性的完善对策。

三、研究的创新点

本研究在仅有的文献资料及实践经验基础上，对思想政治教育链的概念、特征、功能、结构、形成及运行等相关理论问题进行了思考探索，同时结合现实，提出具有针对性的完善对策建议。本研究也可谓是全国第一部研究思想政治教育链的博士论文。就创新点来说，在于以下几个方面：

第一，首次揭示了教育链、思想政治教育链等概念的内涵。将“链”概念纳入教育领域，已经有许多学者做出了相关努力，也取得一批研究成果。但从教育链研究的进度上看，仍然停留在探索阶段，对于教育链的内涵仍然缺乏深入、细致的研究。本研究则从词源学的角度对“链”“教育链”等概念做了深入探讨，并论证了“链”之于“教育”的合法性和合理性。在对教育链概念的分析基础上，又对思想政治教育链的特殊性做了研究。为了能够更加准确、充分地说明思想政治教育链是什么，本研究从特征及功能等角度对其外延展开分析研究。

第二，系统剖析了思想政治教育链的结构。结构分析是认识事物的关键环节。本研究对思想政治教育链的内在结构、形态结构及层级结构展开了深入研究。厘清了思想政治教育链内在结构的链源、链节、链接、链形各要素及相互关系，明晰了处于具象形态的思想政治教育链的宏观结构与微观结构，明确了思想政治教育链层级结构中的活动层、内容层与目标层的所指与相互关系。对其结构进行从内在结构到形态结构，又到层级结构的分析，从逻辑上来说，遵循了从具体到抽象，再从抽象到具体，最后从具体到抽象的思维运动规律，具有一定科学性和合理性，从研究视角上来说，又具有一定独创性。

第三，全面阐释了思想政治教育链的形成机理与运行机制。从动态视角分析大学思想政治教育链的形成机理与运行机制。厘清了思想政治教育链形成的客观依据、主观动因和具体路径，把握了思想政治教育链运行的动力机制、沟通机制、协调机制、整合机制、延伸机制及其相互关系。这样，系统、全面地描述了处于运动状态的思想政治教育链系统。

第四，客观分析了思想政治教育链的完善对策。本研究在对思想政治教育链的基础理论分析基础上，从增强思想政治教育链建构意识、健全其组织体系、完善其运行机制、优化其运行环境及加强其理论研究等五个方面提出了完善思想政治教育链的对策建议。研究坚持理论联系实际原则，具有一定新意。

第二章

思想政治教育链的理论基础与思想资源

思想材料、思想成果的继承具有历史继承性。在恩格斯看来，作为分工特定领域的哲学，需要继承老一辈哲学理论工作者的思想材料、思想成果。① 他还指出，在具体科学领域中，历史思想家尽管可以探寻自身独立的发展道路，但其所占有的思想材料、思想成果，也同样有赖于以前代人的思想材料、思想成果为基础。② 那么，每一时代人们对教育本质、教育规律等问题的认知实践，都必然是在以前各时代所积累、传承下来的思想材料、思想成果的基础上进行。思想政治教育链研究也自然具有其深厚的理论基础与思想资源，且只有把握住其理论基础及思想资源，才能够深入推进理论研究。

第一节 理论基础：马克思主义唯物辩证法、认识论及理论教育过程环节思想

马克思主义经典作家虽然未直接就教育链、思想政治教育链等概念作出理论阐释，但他们对包括联系、发展、过程、矛盾、规律等原理在内的唯物辩证法、包括认识运动过程、认识运动规律等原理在内的认识论及思

① 《马克思恩格斯文集》第10卷，人民出版社2009年版，第599页。
② 《马克思恩格斯文集》第10卷，人民出版社2009年版，第658页。

想政治教育环节等的相关论述，为本研究奠定了坚实的理论基础。

一、马克思主义唯物辩证法的联系、发展、过程、矛盾、规律等原理

马克思主义的唯物辩证法是思想政治教育链理论研究的重要理论基础，特别是其关于联系的观点、关于发展的观点、关于过程的观点、关于矛盾的观点及关于规律的观点，是本研究展开的前提与指导法则。

（一）马克思主义唯物辩证法的联系原理

恩格斯曾说："当我们深思熟虑地考虑自然界或人类历史或我们自己的精神活动的时候，首先呈现在我们眼前的，是一副由种种联系和相互作用无穷无尽地交织起来的画面。"① 恩格斯的这段话说明不论是自然界、人类历史还是精神世界都不是孤立存在的，它们是相互联系的统一整体。具体来说，马克思主义的联系观包含以下三层意思：一是，联系是客观存在的。客观性相对于主观性而言，强调不以人的主观意愿为转移的特性。联系具有客观性的特性就是强调一事物要与它事物发生联系是该事物存在的前提和必然。没有孤立存在的事物，承认孤立存在，就陷入唯心主义、诡辩论。马克思主义的唯物主义强调以承认联系为基础的唯物论。二是，联系是普遍存在的。联系不仅是客观存在的，而且是普遍存在的。这种普遍性就表现为小到事物内部的各组成部分、要素之间是相互联系的，大到事物与事物之间是普遍联系的，再以大的视角看，整个世界都是普遍联系的整体。可以说，不论是事物内部与事物外部、自然界与人类社会等都是相互联系、相互作用的。这种相互联系、相互作用使世界成为一个统一体。三是，联系具有多样性。由于世界上的事物是各种各样的，事物与事物之间发生的关联自然也是多种多样的。具体来说，有事物的内部联系和外部联系之分，有本质联系与非本质联系之分，有直接联系与间接联系之分，

① 《马克思恩格斯选集》第 3 卷，人民出版社 1995 年版，第 359 页。

有必然联系与偶然联系之分等。马克思主义的联系观说明事物是普遍联系的，而且这种联系具有客观必然性，这同教育链所强调的教育过程各环节的环环相扣性相一致，是教育链研究的理论基础之一。

（二）马克思主义唯物辩证法的发展原理

唯物辩证法认为世界上的各种事物都是相互联系的，而相互联系就内含了事物之间的相互作用性，这种相互作用性就决定了事物是运动、变化和发展的。恩格斯一方面指出，“我们所接触到的整个自然界构成一个体系，即各种物体相互联系的总体”，另一方面，他又补充道，“这些物体处于某种联系之中，这就包含了这样的意思：它们是相互作用着的，而这种相互作用就是运动”①。也就是说，事物的相互联系决定了其之间的相互作用，而相互作用就表现为运动。联系具有普遍性，那么运动也是普遍存在的，运动也是事物存在的根本方式。正如马克思所指，“运动是物质的固有属性”②。有运动就会发生变化。有变化就会有前进、后退后上升、下降等趋势之分。发展指事物变化中的前进、上升趋势，也是变化的基本趋势。发展的本质就是指新的事物、新的力量的产生，旧的事物、旧的力量的消亡。基于新的事物、新的力量符合着历史发展的必然规律，代表着社会发展的前进方向，它必定要替代不再符合历史发展的必然规律，不再符合社会发展的前进方向的旧的事物、旧的力量。唯物辩证法的发展原理科学地揭示了事物运动、变化的基本趋势与方向是向前的、上升的，这对于思想政治教育链研究的重要理论意义是，大学生思想政治教育各阶段、各环节依次发挥作用过程体现出发展性，也就是后一环节是在前一环节基础上的追加和发展，同时整个思想政治教育链的运动是螺旋式上升运动趋势。

（三）马克思主义唯物辩证法的过程原理

教育链是指教育过程各阶段、各环节相互衔接的关联关系。这种关联关系既强调过程具有阶段性、环节性，又强调过程的各阶段、各环节之间

① 《马克思恩格斯选集》第3卷，人民出版社1995年版，第347页。
② 《马克思恩格斯全集》第46卷，人民出版社1979年版，第260页。

的相互衔接性。教育链得以存在的根据之一就是过程是阶段性与连续性的统一。运动是事物存在的方式，而运动的表现方式是时空构成的轨迹，这个轨迹便是过程的表现形式，可以说运动与过程是同一的，那么过程也是事物、现象存在方式。恩格斯明确指出，“世界不是一成不变的事物的集合体，而是过程的集合体”①，一切事物、现象都是以过程的方式存在着，离开过程，无所谓“实在”。列宁指出“每种现象的一切方面而且历史在不断地揭示出新的方面相互依存，极其密切而不可分割地联系在一起，这种联系形成统一的、有规律的世界运动过程”②。毛泽东同志同样说过“统一的物质世界是一个发展的过程”，要“把世界当作发展，当作过程去考察。”③ 可见，过程是普遍存在的。过程不仅是普遍存在的，过程还是阶段性与连续性的统一。一方面，马克思主义经典作家认为过程具有阶段性。在毛泽东看来，推动事物发展与变化的根本原因是矛盾。并且，“事物发展过程的根本矛盾及为此根本矛盾所规定的过程的本质，非到过程完结之日，是不会消灭的”，但是，“事物发展的长过程中的各个发展的阶段，情形又往往互相区别”。因为，虽然整个过程的根本矛盾及其性质并未改变，但是在具体的子过程中，它往往又表现出具体性、特殊性。这是因为，根本矛盾在整个过程中采取了逐渐消解的方式。受制于根本矛盾影响的诸矛盾，具体反映状况也不尽一致，有些矛盾被缓和了，有些矛盾被局部性解决了，有些矛盾被激化了，有些矛盾被暂时性而未根本性解决，等等。由此，过程就呈现出阶段性特征。④ 毛泽东的这段论述既说明了根本矛盾决定着事物发展的整体趋势和性质，又进一步分析了事物发展过程中存在着阶段性特征。又正如，马克思在《资本论》中分析生产关系的时候，根据生产关系建立过程中任务、目标等的差异性又具体将该过程划分

---

① 《马克思恩格斯全集》第 21 卷，人民出版社 1965 年版，第 337 页。

② 《列宁选集》第 2 卷，人民出版社 1995 年版，第 423 页。

③ 毛泽东：《辩证法唯物论提纲》，出版地不详，1937 年版，第 20 页（总计 109 页）。

④ 《毛泽东选集》第 1 卷，人民出版社 1991 年版，第 314 页。

为生产、流通、分配及消费四个子过程加以研究分析。可以说，任何一个过程，都是由若干个子过程构成，在时间进程、外在表现等各方面都表现出阶段性。另一方面，马克思主义经典作家还认为过程具有连续性。事物、现象的运动、变化过程中表现出来的阶段性，并不意味着一种“跳跃”“割裂”或“重生”，而是一个连续渐进的过程。一个事物作为“现在”的状态存在，总是与“过去”的发展紧密联系，同时又关联着“未来”的发展，在功能上说，“现在”来源于“过去”，准备着“未来”。总之，各个阶段的发展都是一环紧扣一环的，是连续、有序地延伸。若干阶段过程的连续、有序地更替、演进也就构成了事物的运动、发展、变化轨迹。如对于万物来说，都有一个从生到死渐变、连续的发展过程；就人生过程来说，是由婴儿期、幼儿期、儿童期、少年期、青春期、成年期及老年期等不同阶段构成的连续统一体；就人类社会发展历史来说，经历了原始社会、奴隶社会、封建社会、资本主义社会到社会主义社会、共产主义社会的连续、有序的发展历程。可以说，马克思主义经典作家关于“过程是阶段性与连续性的统一”的理论观点已经内涵了过程的各阶段、各环节的相互衔接、紧密相联思想，为本研究的提出与推进奠定了逻辑前提。

（四）马克思主义唯物辩证法的矛盾原理

马克思主义唯物辩证法认为事物发展的根本动力是矛盾。矛盾反映的是事物内部各要素和事物与事物之间的既相互依存又相互排斥既相互统一又相互斗争的关系。这种关系就使不论是事物内部的各要素还是事物与他事物之间的力量是此消彼长的，这也就决定了事物的不断变化。而具体来说矛盾又分为内部矛盾和外部矛盾。事物内部各要素之间的既相互依存又相互排斥、既相互统一又相互斗争的关系是内部矛盾，事物与事物之间的既相互依存又相互排斥、既相互统一又相互斗争的关系是外部矛盾。唯物辩证法又认为，从根本上说，事物的运动、发展是由内部矛盾推动的。正如毛泽东同志指出，“事物内部的这种矛盾性是事物发展的根本原因，一事物和他事物的相互联系和相互影响则是事物发展的第二位的原因”①。唯物辩证法的矛盾原理不仅揭示了内部矛盾是事物变化、发展的根据，外部矛盾是事物变化、发展的条件理论，而且还揭示了矛盾的普遍性与特殊性理论。矛盾普遍性是指不仅一切事物的发展过程中都具有矛盾，而且矛盾贯穿于任何事物发展过程的始终。如恩格斯所说，“运动本身就是矛盾”②。毛泽东也指出，“没有什么事物是不包含矛盾的，没有矛盾就没有世界”③。矛盾的特殊性是指任何事物内部都包含着它自身特殊的矛盾，而这个特殊的矛盾就构成了它之为它的本质所在。“每一物质的运动形式所具有的特殊本质，为它自己的特殊的矛盾所规定。”④ 矛盾的特殊性就决定了一事物与他事物的区别，也说明了同一事物在其发展过程的各个阶段其矛盾都会表现出不同的特点，矛盾的双方也会呈现各自的特点。矛盾的普遍性与特殊性原理所揭示的实质上是共性与个性的关系。思想政治教育链的研究对象是大学生思想政治教育各阶段环节的相互关联关系，要研究过程以及过程的阶段环节及其相互关系就离不开对其内部矛盾与外部矛盾、过程总矛盾与矛盾在过程阶段中所表现出来的特殊性展开研究。唯物辩证法的矛盾原理为科学研究思想政治教育链提供了理论基础。

（五）马克思主义唯物辩证法的规律原理

事物以运动的形式存在，而这种运动形式并非无章可循，而是有其自身的客观规律性的。正如列宁曾指出，“世界是物质的有规律的运动”⑤。可以说，大到宇宙的运动，小到微生物的运动，都具有自身的规律性，“一切客观事物本来是相互联系的和具有内部规律的”⑥。规律是揭示本质的关系，这种本质关系贯穿事物的内部和事物与他事物的所有联系之中，

① 《毛泽东选集》第1卷，人民出版社1991年版，第301页。

② 《马克思恩格斯选集》第3卷，人民出版社1995年版，第462页。

③ 《毛泽东选集》第1卷，人民出版社1991年版，第305页。

④ 《毛泽东选集》第1卷，人民出版社1991年版，第309页。

⑤ 《列宁选集》第2卷，人民出版社1972年版，第170页。

⑥ 《毛泽东选集》第1卷，人民出版社1991年版，第313页。

是最普遍、最基本的关系。具体来说，它是具有特殊性、差别性的同类事物、现象的共性、同一性，而这种共性、同一性又使这些具有特殊性、差别性的个别事物、现象联结为一个统一整体。我们认识事物的关键是把握和抓住事物的这个共性、同一性，也就是要把握其内部规律性。唯物辩证法还认为规律是客观的。规律的客观性首先表现在其是各事物的内部、发展过程中所固有的，而非外力所强加的，它不以人的主观意愿而存在或不存在。其次表现为它所产生的作用也是必然的。也就是说，不论规律所产生的结果人们愿不愿意接受，它都会必然发挥作用。正如马克思所说，规律的作用是"以铁的必然性表现出来而且正在实现的趋势"①。毛泽东也曾指出，规律的作用"是一个必然的、不可避免的趋势，任何力量，都是扭转不过来的"②。最后，表现为规律的发展变化也不以人的意志、作用为转变。人既不能够消灭规律，也不能够改变规律。规律只能够被认识，被把握，被用来为人类服务。承认并遵循规律的客观性，是实践取得成功的前提。唯物辩证法的规律原理对于思想政治教育链研究具有重要的理论意义。一方面，正是基于理论教育过程具有客观规律性，才有理论教育链研究的存在；另一方面，思想政治教育链要揭示的理论教育过程的各阶段环节的关联关系也并非是主观臆造的关联关系，而是对理论教育过程规律形象化把握，是以理论教育过程规律为基础和前提。

二、马克思主义认识论的认识运动过程、认识运动规律原理

马克思主义的认识论科学地揭示了认识的本质，即认识是主体的实践活动中，对对象的能动反映。同时也揭示了认识的运动过程及其规律。认识运动过程是一个经由实践到认识，再从认识到实践，又从实践到认识的无限循环上升的辩证运动过程。实践是认识的来源和基础，只有在参与实践中才能够获得认识。因此，认识活动的开始源于实践。在第一次从实践

① 马克思：《资本论》第1卷，中国社会科学出版社1983年版，第2页。
② 《毛泽东选集》第3卷，人民出版社1991年版，第1069页。

到认识的飞跃过程中，其所获得认识具有感性认识和理性认识两种形式。所谓感性认识，就是个体事物、现象的初步的、外在的、直观的、具体的方面的认识，它是认识的初级阶段。理性认识，则是个体对事物、现象运动、变化规律、本质的揭示与把握，它较之于感性认识更加深刻、客观。但它的获得离不开感性认识的基础作用，它要以感性认识为基础，是在感性认识的基础上的上升发展。当然认识不能够仅仅停留在感性认识的层面，要更准确地把握事物、现象，就必须努力推动感性认识向理性认识发展、提升。完成了从实践到认识的第一次飞跃之后，接着就要实现认识到实践的第二次飞跃。只有把获得的理性认识作为指导实践的理论，作用于实践，才能够验证认识的正确性，也才能够产生它的物质力量、改变世界的力量。而在以获得的理性认识指导实践的过程中，又会产生新的认识。因为实践在发展，认识也会随之发展。那么，认识运动的辩证过程就表现为“实践、认识、再实践、再认识”，这样无限循环往复的过程，但是“实践和认识之每一循环的内容，都比较地进到高一级的程度”①。这也是认识运动过程的基本规律。马克思主义认识论关于认识运动过程及其规律的原理科学地揭示了认识运动的辩证过程。思想政治教育链是研究理论教育过程的各环节之间的环环相扣，而教育过程是教育者的施教过程与教育对象的受教过程的统一，为了使教育过程顺利开展，教育者的施教过程还需要充分尊重教育对象的受教过程，即要遵循教育对象的认知接受规律，也就是要遵循认识运动的辩证过程规律。因此，马克思主义认识论关于认识运动过程及其规律的原理也是本研究的重要理论基础之一。

三、思想政治教育过程环节

马克思主义经典作家未就思想政治教育进行系统论述，但他们关于思想政治教育中的“知”“情”“意”“信”“行”各环节的大量相关论述却

---

① 《毛泽东选集》第1卷，人民出版社1991年版，第296-297页。

蕴含着思想政治教育链的思想理念。

（一）强调理论“输入”，重视思想政治教育中“知”环节的基础性作用

思想政治教育首要的环节是，使教育对象掌握马克思主义理论，形成正确认知。在马克思眼中，哲学与无产阶级互为武器。后者将前者视为自身的精神武器，而前者将后者视为自身的物质武器。他形象地指出，素朴的人民园地一旦被思想的闪电击中，德意志人民就能够寻求解放而成为真正意义上的人。① 在这里，马克思强调“思想的闪电”去“击中”那些还未被科学理论武装的群众，才能够使他们获得解放，成为真正的人。列宁在《怎么办?》深刻阐明了进行马克思主义理论的无产阶级认知教育的必要性和必然性。毛泽东也非常强调认知教育的重要性，如他认为告知军队和人民开展战争的政治目的是进行政治动员的首要环节。② 毛泽东在指导军事工作时曾指出，要想最大限度地激发官兵的斗争精神，就不能不在军队中贯注积极、科学的政治精神，而且也不能不具有科学性、进步性的能够执行这种贯注的政治工作。③ 毛泽东在社会主义建设实践中，还特别强调，开展农民的政治工作的首要任务、基础任务就是以社会主义的思想观念去武装他们。④ 马克思主义经典作家强调理论教育过程中“知”的基础性作用，也就强调了理论认知教育环节在整个教育过程中的基础性、首要性地位。

（二）强调情感认同，重视思想政治教育中“情”环节的催化作用

马克思主义经典作家不仅强调“灌输”在思想政治教育中的基础性作用，而且也非常强调具有催化作用的情感认同教育。马克思对于情感因素的作用早有论述，他指出推动人强烈地去追求、追逐其对象的根本力量是

① 《马克思恩格斯文集》第1卷，人民出版社2009年版，第17页。

② 《毛泽东选集》第2卷，人民出版社1991年版，第481页。

③ 《毛泽东选集》第2卷，人民出版社1991年版，第511页。

④ 《建国以来重要文献选编》第7册，中央文献出版社1993年版，第213页。

热情、激情。① 在思想政治教育中为了推进教育进程，必须激发教育对象对于马克思主义理论的热情、激情。恩格斯更加具体地阐明了情感因素对于实践行为产生的重要意义。在他看来，一个人行动起来的所有动力，均不能不经由自身的头脑。任何人不通过头脑将意志转化为动机，就不能行动起来。② 他还认为，外部世界之所以会对人施加这样或那样的影响，原因在于可以经由人的头脑将之转化为意志与动机，形成“理想的意图”。在该意图的促动下，能够产生巨大的驱动性力量。③ 在恩格斯看来，人的行为的产生，需要一定的动机、情感因素的催化。他更是指出，无产阶级没有强烈的革命情感，自身的解放将没有希望。④ 列宁也非常强调情感培养对推动个体实践的重要作用，他强调，人们追求真理，须臾不能缺失强烈的情感。⑤ 马克思主义理论作为揭示自然界、人类社会及思维发展规律的科学理论，其教育实践正是需要人们追求真理的这种执着之情。可见，情感因素对于提高个体马克思主义理论学习的热情具有重要作用，情感认同教育也是思想政治教育中的重要环节，只有通过情感认同教育，才能够培养起马克思主义理论的情感认同，才能形成推动其不懈追求它的动力。

（三）强调意志磨练，重视思想政治教育中“意”环节的强化作用

在对马克思主义理论具有一定认知和情感认同的基础上，要推动理论认知转化为实际行动，还需要有坚强的意志。一方面，马克思主义理论是抽象性极高、思辨性极强、理论性极深的科学理论体系，对于它的学习把握，需要有持之以恒的精神，这就需要有坚强的意志力；另一方面，在面对多种西方价值观念冲击与挑战中，要牢牢地捍卫马克思主义的立场，也需要有坚强的意志力。马克思主义经典作家非常强调意志磨练对于推进个体所从事的实践中的巩固和强化作用。例如，马克思强调意志力对于所从

① 《马克思恩格斯文集》第 1 卷，人民出版社 2009 年版，第 211 页。
② 《马克思恩格斯文集》第 4 卷，人民出版社 2009 年版，第 306 页。
③ 《马克思恩格斯文集》第 4 卷，人民出版社 2009 年版，第 285 页。
④ 《马克思恩格斯全集》第 7 卷，人民出版社 1959 年版，第 269 页。
⑤ 《列宁全集》第 25 卷，人民出版社 1988 年版，第 117 页。

事的实践的重要作用，他认为劳动者唯有具有意志，才能充分享受自身所从事的智力与体力活动，才能被劳动方式、方法以及内容所吸引。而当这种劳动方式、方法以及内容越与劳动者的兴趣、意愿违背时，就越需要通过坚定的意志力加以调适。① 列宁继承了马克思有关磨炼顽强的意志能够推进实践活动发展的思想。他认为，人人渴盼过上天堂般的生活。然而，工人阶级从未做过人们可以过上这般生活的许诺。工人阶级要求人们从事艰苦的斗争，并且在斗争中还要具有顽强的意志、遵守铁一样的纪律。在工人阶级的领导下，人们可以从资本家和地方的剥削下获得解放。纵使针对农民阶级，其自身具有愚昧保守性，通过具体实践获得经验，也能够使之认识到这一点，而成为坚定的共产主义拥趸。②

（四）强调信仰养成，重视思想政治教育中“信”环节的中心枢纽意义

思想政治教育不仅是科学知识教育，更是信仰教育，只有树立了坚定的马克思主义信仰，才能够推动人们持之以恒地去捍卫、坚持和践行马克思主义。可以说，马克思主义的知行转化的中心环节就在于信仰理念的形成。马克思主义经典作家对于马克思主义信仰教育具有大量论述。恩格斯认为要获得人们对马克思主义的拥护，除了“科学地论证我们的观点，还要尽可能广泛地争取欧洲无产阶级的支持”，而“尽可能广泛地争取欧洲无产阶级的支持”，又以获取德国无产阶级支持党的信念为第一要务。③ 在这里，恩格斯提出，要获取德国无产阶级支持党的信念也就是强调要对德国无产阶级进行马克思主义信仰教育。

邓小平同志也非常强调理想、信念、信仰在人们所坚持的社会事业中的重要作用，他指出：“为什么我们过去能在非常困难的情况下奋斗出来，

---

① 《马克思恩格斯文集》第 5 卷，人民出版社 2009 年版，第 208 页。

② 人民教育出版社教育室：《马克思恩格斯列宁论教育》，人民教育出版社 1993 年版，第 133 页。

③ 《马克思恩格斯文集》第 4 卷，人民出版社 2009 年版，第 233 页。

战胜千难万险使革命胜利呢？就是因为我们有理想，有马克思主义信念，有共产主义信念。”。① 江泽民一贯主张在理论教育过程中要坚持马克思主义信仰教育。在1992年十四大上，江泽民指出，“使广大党员干部坚定社会主义、共产主义信念。”② 经过十年后，他又重申：“要通过我们的研究和宣传工作，帮助广大干部群众坚定对马克思主义的信仰、对社会主义的信念，增强对改革开放和现代化建设的信心，增强对党和政府的信任。”③ 胡锦涛在2005年的加强和改进全国大学生思想政治教育工作会议上也指出，“政治信仰迷茫、理想信念模糊”是大学生首要的思想问题。他指出，“要使大学生成长为中国特色社会主义事业的合格建设者和可靠接班人，不仅要大力提高他们的科学文化素质，更要大力提高他们的思想政治素质，”④ 而具备必要的思想政治素质，也就是培养他们的马克思主义理想信念。习近平更是将对马克思主义的信仰和共产主义的信念，视为一名合格共产党人的精神柱石和政治灵魂，强调，“对马克思主义的信仰，对社会主义和共产主义的信念，是共产党人的政治灵魂，是共产党人经受住任何考验的精神支柱。”⑤ 他还生动地把“理想信念”比喻为共产党人精神上的“钙”，如果没有坚定的理想信念，那么精神上就会因为“缺钙”而得“软骨病”⑥，思想政治教育自然离不开理想信念教育。

（五）强调理论联系实际，重视思想政治教育中“行”环节的归宿意义

马克思主义经典作家对于理论联系实际原则的强调与重视，就体现了“行”在思想政治教育中的目标意义。正如马克思主义经典作家所说，问

① 《邓小平文选》第3卷，人民出版社1993年版，第110页。
② 《江泽民文选》第1卷，人民出版社2006年版，第246页。
③ 江泽民：《在全国宣传部长会议上的讲话（2001年1月10日）——论“三个代表”》，中央文献出版社2001年版，第127页。
④ 《十六大以来重要文献选编》中卷，中央文献出版社2006年版，第633页。
⑤ 《习近平总书记系列重要讲话读本》，学习出版社，人民出版2014年版，第160页。
⑥ 《习近平总书记系列重要讲话读本》，学习出版社，人民出版2014年版，第159页。

题在于改造世界。马克思关于“现实的人”的理论观点就是思想政治教育重视实践教育的重要理论指导，它指出，“我们的出发点是从事实际活动的人”①，思想政治教育必须落实到实践中。列宁进一步指出，如果我们仅满足于从共产主义本本里吸收知识，那就只能培养出崇尚空谈的吹牛家抑或是照本宣科的书呆子。② 因此，“单从书本上来领会关于共产主义的论述，是极不正确的”③。他强调广大青年要善于把背地滚瓜烂熟的马克思主义的原理、公式、法则、纲领、指示等与现实生活实际结合，把它们作为行动的指南，马克思主义理论学习这个任务才算完成。④ 一贯坚持实践论的毛泽东也指出，“离开实践的认识是不可能的”⑤。在他看来，没有哪一个正确认识，不经由物质与精神、实践与认识的多次反复交替与推进才能获得。⑥。习近平在中央党校建校 80 周年庆祝大会上的讲话中也指出：“既把学到的知识运用于实践，又在实践中增长解决问题的新本领……要发扬理论联系实际的马克思主义学风。”⑦ 可见，理论联系实际，以理论指导实践是思想政治教育的目标环节。

从上述马克思主义经典作家关于理论教育过程中“知”“情”“意”“信”“行”各环节的大量的论述和理论分析可以发现，从个体接受思想政治教育的过程来说，从整体上说要经历“知”环节的基本认知形成、“情”环节的情感认同培育、“意”环节的坚强意志砥砺、“信”环节的坚定信仰养成及“行”环节的实践运用等环节的循序、连续发展。这隐含了思想政治教育并非是毫无规律、规则可言，它的过程是由多个子过程的连续运演

---

① 《马克思恩格斯文集》第 1 卷，人民出版社 2009 年版，第 525 页。

② 《列宁专题文集 论无产阶级政党》，人民出版社 2009 年版，第 279 页。

③ 《列宁专题文集 论无产阶级政党》，人民出版社 2009 年版，第 279 页。

④ 《列宁专题文集 论无产阶级政党》，人民出版社 2009 年版，第 284 页。

⑤ 《毛泽东选集》第 1 卷，人民出版社 1991 年版，第 286 页。

⑥ 《毛泽东文集》第 8 卷，人民出版社 1999 年版，第 321 页。

⑦ 习近平：《在中央党校建校 80 周年庆祝大会暨 2013 年春季学期开学典礼上的讲话》，http：//theory. people. com. cn/n/2013/0304/c49169-20670182-4. html（2013 年 3 月 4 日）。

得以实现，是阶段性与连续性的统一，为思想政治教育链的理论研究提供了坚实的理论基础和方向指导。

第二节　思想资源：中国传统社会教育过程环节及时序

中国传统社会悠久的历史沉淀了相当丰富的教育思想，其间不乏有对教育规律性、本质性的认识。但在此要挖掘的是主流意识形态理论教育过程思想。那么，首要的是分析何为中国传统社会的主流意识形态理论。春秋战争时期的儒、墨、道、法等各家思想齐聚形成的百家争鸣之势，为社会价值观的多元发展提供了强大的文化基础，而根据不同的文化体系建构起不同的价值观念体系，如代表儒家思想的道德伦理价值观、代表墨家思想的功利价值观、代表法家思想的权利价值观、代表道家思想的自然价值观等。但进入封建社会，汉武帝实施“罢黜百家、独尊儒术”政策，儒家思想便就凭借其适应封建中央集权发展的优势成为贯穿封建社会始终的主导文化，引导着整个封建社会的价值观取向，纲常为核心的道德伦理价值观便成为封建社会的主流价值观。① 儒家思想也即封建社会的主流意识形态理论。但从儒家思想所产生的影响来看，它不仅是整个封建社会的主流意识形态理论，可以说，它是整个传统社会的主流意识形态理论。值得注意的是，墨、道、法等各家的价值观念及理论体系的影响也并未消解，它们和儒家思想的发展也并非是呈现平行线发展轨迹，而是在交织、融合中发展。那么，整个传统社会就形成了以儒家思想为主导，墨、法、道等各家思想交融发展的格局。而各家在宣传、弘扬其自身价值观念、理论体系的时候，都形成了具有自我特色的教育过程思想。因此，对中国传统社会

① 李净、戴钢书：《中国传统社会价值观的历史演进脉络及其规律探析》，载《江淮论坛》，2015 年第 2 期。

的教育过程思想展开研究，不仅要以分析儒家的教育过程思想为主体，而且也要涉及墨家、道家、法家等各家的有益教育过程思想的研究。

归结起来看，中国传统社会儒、墨、道、法等各家思想家、教育家对于教育的过程及过程环节理论的探索主要是从“教”和“学”的两个角度展开。从“教”的角度看，教育过程是“传道、授业、解惑”几个环节的统一。例如，韩愈提出，“古之学者必有师。师者，所以传道、授业、解惑也”①。也就是说，从教师的施教过程来看，教育过程的起点是传道，终点是解惑。那么，“传道、授业、解惑”就构成了教师施教的全过程。相较于“教”过程环节的理论探讨，中国传统社会的思想家、教育家关于“学”过程的环节思想更加丰富、深刻。如孔子提出主流意识形态理论的学习过程包括“好学、勤思、多习、践行”等环节，荀子认为具有“入乎耳，著乎心，布乎四体，形诸动静”等环节，老子认为具有“观、明、玄览”等环节，庄子认为具有“接、谟、神、行”等环节，王夫之认为具有“学、问、思、辨、行”等环节。此外，中国传统社会的思想家、教育家还就教育时序展开了大量的讨论。那么，在此将深入对中国传统社会的主流意识形态理论“学”过程的环节思想及教育时序思想进行挖掘、整理，以为本研究提供思想资源。

一、“好学、勤思、多习、践行”的教育过程环节

孔子一贯“以学论教”，他认为学习过程就是教化过程。孔子虽然未明确提出教育过程具体由什么环节构成，但他关于道德教育的诸多论述中，隐含着大量的教育过程环节思想。归结起来，孔子主张教育过程遵循“好学”到“勤思”再到“多习”，最后落脚于“践行”的各阶段环节依次运演的过程规律。孔子认为好学、乐学是教学过程首要阶段。孔子曰：“玉不琢，不成器；人不学，不知道。”学习对于获得真知具有基础性作

---

① 顾树森：《中国古代教育家语录类编》（下册），上海教育出版社 1985 年版，第 70 页。

用，但是要很好地获得真知，还需要好学、乐学。只有学者爱好学习、喜好学习，才能够产生学习的动机与行为。如他常曰：“知之者不如好之者，好之者不如乐之者。”（《论语·雍也》）在此阶段学习的目的就是要求知，要对事物有一个基本的了解。“好学”具体来说就是要多问、多闻、多见。孔子十分强调在学习过程中要秉持“不耻下问”的精神，只有具备了这种“不耻下问”的精神，才能够获得真知。此外，他也非常强调多闻、多见。他常曰：“多闻，择其善者而从之，多见而识之”（《论语·述而》），也就是强调要多听，再选择其中好的、有用的加以吸纳、接受、运用，多看，并牢牢地把它记在心里。从孔子关于为学的诸多论述中，可以看出，“勤思”是学习、教化的第二个阶段。孔子一向都十分重视“勤思”在学习、教化中的作用。某种意义上说，在学习过程中，是否善于思考、勤于思考，成为了孔子考察学生学习能力的一大标准。他常曰：“学而不思则罔，思而不学则殆。”（《论语·学而》）孔子主张“学”和“思”要结合起来，学习不能离开思考，思考也不能离开学习。他认为人不能仅仅停留在基础的、感性的学习认知阶段，也不能够只进行脱离实际的、抽象的冥思苦想。他曾说：“吾尝终日不食，终夜不寝，以思，无益，不如学也。”（《论语·卫灵公》）孔子认为在对某个知识、道德、规范进行学习、思考过后，还要经常进行温习、联系来加以巩固，因此，他非常强调学者要“多习”。正如，他一贯重视“时习”和“温故”，他特别强调反复学习的重要性。孔子曰：“学而时习之，不亦乐乎”，“温故而知新”。孔子认为好学、勤思、多习的目的是要“践行”，也就是要对已经掌握的知识、道德、规范等加以运用和坚持。正如他常曰：“力行近乎仁。”“仁”是孔子对德性的最高要求，那么“力行近乎仁”也就是说，身体力行道德规范、规则就能几乎达到了道德的最高境界。从他对知和行的关系的观点也能够看出，他更为强调“践行”的归宿意义。如“君子耻于其言过其行”。孔子提出的教育过程“好学、勤思、多习、践行”四个阶段环节的理论，对于探索教育、教学过程的阶段性、规律性提供了宝贵的见解。

二、"入乎耳，著乎心，布乎四体，形诸动静"的教育过程环节

荀子在继承孔子的"好学、勤思、多习、践行"的教育过程思想基础上，明确提出教育过程是由"入乎耳""著乎心""布乎四体，形诸动静"等三个阶段环节的依次展演构成的完整过程的观点。荀子认为教化、教育实践是使人身上逐渐积累起礼仪、道德、知识及行为规范，使人从原始蒙昧无知走向文明自觉的实践。这个过程也是人的思维从感性到理性转变，又是人从理论认知到行为践行转化的过程。因此，他认为教育过程就是将礼仪、道德、知识及行为规范等输入个体头脑，再经过个体的理性思维的加工处理后转化为行为实践的过程。如，其常曰："君子之学也，入乎耳，著乎心，布乎四体，形诸动静"，又曰："不闻不若闻之，闻之不若见之，见之不若知之，知之不若行之。学至于行而止矣……故闻之而不见，虽博必谬，见之而不知，虽识必妄，知之而不行，虽敦必困。"（《荀子·儒效》）实际上，荀子所主张的教育过程观反映的是教育过程是由低级的感性认识到高级的理性认识再到行为实践逐渐转化的过程，并且后一环节的转化行为又是基于前一环节的基础准备。具体来说，他认为教育过程存在三个阶段环节。"入乎耳"是首要环节。在荀子看来"入乎耳""闻""见"即通过耳朵、眼睛、鼻子、嘴巴、肌肤及其他身体器官感知外在世界是教育过程的起始阶段，它能让人对外界事物产生感性经验和感性认识，它是人认识事物的基础环节。"著乎心"是承接"入乎耳"的发展环节。在荀子看来，认识了事物的一般外在，具有了感性经验认识还不够，它不够完整、彻底、可靠，要通过思索、思考等更高一级的理性思维环节，将前一阶段获得的感性认识进行加工、综合分析，进而得到比较完整、系统、概念化的理性认识。对事物有了理性认识后教育过程还未结束，还需要进入"布乎四体，形诸动静"阶段，即"行"的环节。人们对事物进行认知、认识的最终目的都是要转化为行为习惯。如他常曰："行之明也，明之为圣人"。一方面，行为实践是人们认识事物的目的所在，

另一方面，只有通过行为才能够证明所掌握的知识的正确与否。概而言之，荀子主张的教育过程即是以“入乎耳”的“闻见”为起始环节，“著乎心”的“知”为承接环节，再到“布乎四体，形诸动静”的“行”的目标环节的完整过程。这为本研究的推进提供了更为充分、翔实、有力的思想资源。

三、“观、明、玄览”的教育过程环节

道家创始人老子主张“无为”，他主张行“不言之教”。他所主张的“不言之教”具体通过“观”“明”“玄览”三个相辅相成的阶段环节完成。在老子看来，“为学”“为道”的第一个阶段为“观”。“观”又分为“以观其妙”和“以物观物”（《老子·五十四章》）。老子认为学习、求道的第一步并不是学习书本知识，而是要亲身观察，也就是要通过对具有形象的万事万物的观察，去探寻“道”的精妙。此外，还要做到“以物观物”。也就是要以我自己观他人，以我家观他家，以我乡观他乡，以我国观他国，以我之天下观他之天下，做到以此及彼。实质上，“观”是通过大量的观察、以此及彼的观察来寻求事物发展的普遍规律。而在具有一定“观”的基础上，还要注意“明”。“明”就是要掌握世界、事物内在发展的本质和规律。要“明”必须“知”。老子说：“知不知，上；不知知，病。”意指，努力去知道自己所不知道的知识、事物，是非常好的；而明明不知道却要表现出知道，这是一种毛病。因此，他认为要求道、求知，首先要“自知”。他指出，“知人者智，自知者明”。只有自我先“自知”，即对自己有一个清晰的认识，才能“明”。而要真正做到“明”，不仅要“自知”，还要“知常”。所谓“常”就是“道”的本质与法则，“知常”也就是要把握世界、事物发展、变化的根本规律。在“自知”和“知常”的基础上实质上已经达到“明道”的状态，但这时要表现出大智若愚的状态，这就是老子强调的“明道如昧”。但“明道”并非是为学的终极，“为学”的最高阶段是“玄览”。“玄览”就是强调要深观远照。只有站在

深处观察，才能够看的细致入微，只有站在远处观看，才能够把全部囊入眼底，这样才能够将整个纷繁多样的世界统观之，才能够揭示“道”何是，世界发展的缘由。因为，他认为“道”深不可测，是难以言说和把握的。要领悟“道”的真谛，就要“涤除玄览”（《老子·十章》）。也就是要人们排除杂念，静心凝神，不受外界干扰，清澈得像镜子一样。这样不可言说的“道”才能显现出来，而这时人的心灵已与“道”融合在一起，自然能够领悟“道”的真谛。相较于“玄览”，“明道”是指就单方面事物发展的规律、法则的通晓、认知，而“玄览”则强调对整个世界及各类事物之间共同的规律、法则的把握和认识。但只有“明道”在先，才能够有之后的“玄览”。概而言之，老子认为“为学”“求道”的过程中，要经历“观”“明”“玄览”等阶段环节。这种观点虽然具有唯心主义性质，但它强调求道的过程是“观”“明”“玄览”三个阶段环节相互衔接构成的完整过程仍然蕴含了丰富的教育链思想。

四、“接、谟、神、行”的教育过程环节

道家学派的另一代表人物庄子在继承老子“观”“明”“玄览”的求道、求知过程思想的基础上，将其发展为“接、谟、神、行”的求道、求知过程思想。庄子常曰：“知者，接也；知者，谟也。”（《庄子·庚桑楚》）前一个“知”指“接”，与老子的“观”相似，也是不需要通过思虑，而是通过个体直接接触外界的事物，直接感知，这是庄子主张的为学的第一个阶段。庄子的“接”，还强调其客观性，也就是强调在认知事物的过程中，根据认识的客观规律进行，如果知的条件还没有具备，那么就绝对不要强制性地去认识和把握它。后一个“知”指“谟”。“谟”，“议谋也”或“虑难”（《说文》），意指谋算、思考、思虑等。它是求知过程的第二个阶段。也就是说，在通过“接”掌握了感性认知的基础上，要对获得的感性认知进行思维加工，综合分析，逐步上升成理性认识。实质上庄子强调的“谟”就是老子所说的“明”。如庄子所说，“思以求致其

明”。在“谟”之后，庄子还强调要追求“神”的境界。“神”就是强调对规律、法则高度彻底的把握，要达到心领神悟、炉火纯青的境地。如庄子在《庖丁解牛》寓言里面所说，“始臣之解牛之时，所见无非全牛者。三年之后，未尝见全牛也。方今之时，臣以神遇而不以目视，官知止而神欲行”。庄子的意思就是说，其在最开始认识牛的时候，所看到的无非是牛的整个外在形象，但是经过三年的学习之后，不用看到牛的整个身体，不用眼睛去看，只用心去想，也能够想象出牛的形象及其内在本性。实质上，就是指个体在刚开始学习的时候，所看到的、听到的和身体器官所接触到的，都是事物的外在表现形成，但是通过长时间的观察、实践，就能够逐渐积累认识经验，从而使个体用心官去观察事物，推动个体通过现象抓住事物的本质，这就达到“神”的境界了。实质上，庄子“神”的境界非常接近于老子所强调的“玄览”。只是，庄子的认知过程观并非只停留于对“神”的境界的追求，他还强调要“行”。他常曰：“学而不能行谓之病。”在庄子看来，求知、求道的最终目的也是要“行”。而且“道”也是“行之而成”。庄子的“接、谟、神、行”的求道、求知过程环节反映了其求道、求知过程遵循从感性认识上升为理性认识，再到行为实践的运动逻辑，为本研究提供了丰富的思想资源。

五、“学、问、思、辨、行”的教育过程环节

清初的王夫之基于“知行并进”思想，论述了学、问、思、辨、行之间相互依赖、相互促进关系的教育、求学过程思想。归结起来看，王夫之的学、问、思、辨、行五环节的教育、求学过程又可以具体地划分为三个阶段。首先是“学”和“问”的环节。王夫之曾曰：“志所未逮，有弗学尔，学之则必期其能与古而同道。……学所未及，有弗问尔，问之则必悉知而无疑。”（《四书训义》卷三）该阶段主要是用口、耳、鼻等身体器官来感知事物，获得对事物的感性的、表层的认识。“学”的要求是“能与古而同道”，也即是要学习和吸取前人的成就；“问”的要求是“悉知无

疑”，也即是要全部知道，而毫无存疑。其次是“思”“辨”的环节。王夫之曰：“学问无所发明，有弗思尔，思之则必求得其意之所存。……不得其实，有弗辨尔，辨之则必求其两端之殊致。”（《四书训义》卷三）他的意思是说，在学习和询问之后，没有太多的收获，那么就要审视自我的内心，要对其进行思考、辨析。也就是以心理器官“思”“辨”事物，获得对事物的理性认识。但此时，“学”和“问”的行为并非终止，主要围绕“思”“辨”过程中产生的问题进行，起着辅助作用。也正如王夫之所言，“学非有障于思，而学愈博则思愈远；思正有功于学，而思之困则学必勤”（《四书训义》卷六）。要注意“思”的要求是“得其意之所存”，也即是要明白它的真正含义、本质所在；“辨”的要求是“两端之殊致”，也即是要求事理分明。待“学”“问”“思”“辨”之后，乃为“行”的阶段环节，正如王夫之强调，“学问思辨之功未尽，有弗行尔”（《四书训义》卷三）。也就是说，当“学问思辨”环节的准备工作还未做完，可以不去践行、运用。说明“行”的阶段是基于“学问思辨”的阶段环节。在王夫之看来，“行”是求知的目的，“能力行”，学习才会收到实效，“能力行，而后见闻讲习非虚，乃学之实也”（《四书训义》卷五）。“行”的要求是“笃实而可据”，也即是要求力行的基础是完全把握事物的本质。换句话说，“行”能够检验所获得的知识的真假，“知者非真知也，力行而后知之真”（《礼记章句·大学补传》）。通过实践中的运用，发现认知的不足，继而再进行“学”“问”“思”“辨”的学习训练，也即是他强调的“行之弗笃，则当以学、问、思、辨养其力”（《读四书大全说》卷四）。可见，王夫之建立了在“行”的基础上，以“行”为出发点和归宿的“学、问、思、辨、行”教学、求知过程观，虽然该过程观仍处于经验总结、表象描述阶段，但已经具有一定的唯物主义科学意义。

六、教育过程时序思想

中国传统社会的思想家、教育家对教育过程的阶段、环节进行了深入探究，而且对于各阶段、环节的展演的时间序列也给予了关注。一是，强调教育过程的循序渐进。中国传统社会的思想家、教育家一贯主张教育要循序渐进，反对“陵节”“躐等”“揠苗助长”等。如孟子主张在求学、求知过程中，首要的是打好基础，要循序渐进，切忌急于求成。他说：“流水之为物也，不盈科不行；君子之志于道也，不成章不达。”（《孟子·离娄下》）意思是说，流淌的泉水如果不把道路上的坑洼填满，它是不能够前行的，这正如君子在求知、求道过程中，如果不通过日积月累的训练，达到一定程度是不能够实现的。二是，强调“积”在教育过程中的重要作用。荀子在论及学习、求知的时候非常强调“积”的作用，强调要做到日积月累，才能不断提高。正如他说：“积土成山，风雨兴焉；积水成渊，蛟龙生焉；积善成德，而神明自得，圣心备焉。”（《劝学》）刘向也一贯注重学问积累的重要性，他指出：“水积成川，则蛟龙生焉；土积成山，则豫樟生焉；学积成圣，则富贵尊显至焉。”（《说苑·建本篇》）三是，强调基于教育过程规律的教育顺序性。孔颖达认为教育有自己的规律，不可急躁冒进，要按照教育顺序有序展开。他主张教学过程要“优柔宽缓”，也即是强调教学要注重速度的适宜，“教学之道，必当优柔宽缓，不假急速，游息孙顺，其学乃成”（《礼记正义·学记》）。朱熹也十分强调教学有序。他说：“事有大小，理无大小，故教人有序不可躐等。”也就是说，事情有大小的区分，但是教授的规律是不因为事情的大小而有区分的，因此，施教的过程一定要有序地展开。正如他又强调的，在施教过程中要先教授小的、浅的、近的知识点，再传授大的、深的、远的。王夫之更是明确地提出了教育过程要遵循一定规律、循序展开的思想。他在对《学记》中的“时”的内涵的解读中说道：“有序而不息之谓也，恒守也。”（《礼记章句》）他所讲的“序”就是时间序列，指教学教育过程具有时间序列可言。他还进一步阐释教育教学的时间序列是基于两个方面：其一，学者的学习规律；其二，教育教学内容的内在逻辑序列。

综上可知，中国传统社会的思想家、教育家在丰富的主流意识形态理论教育实践的基础上形成的关于教育过程环节、教育时序等的思想观点蕴含了丰富的教育链思想，为思想政治教育链理论研究提供了丰富的思想资源。

第三节　方法借鉴：西方社会教育过程规律及程序

虽然在西方社会主流意识形态理论教育发生、发展过程中也未曾提及主流意识形态理论教育链概念，但西方社会众多思想家、教育家关于主流意识形态理论教育的论述中不乏对教育过程性及规律性的认识。归结起来，西方社会关于主流意识形态理论教育过程理论经历了遵循自然的教育过程“顺应自然”观到遵循心理规律的教育过程“心理学化”观，再到各种教学过程阶段观及程序教学观的发展。这些关于主流意识形态理论教育过程规律性、本质性的认识对于思想政治教育链研究具有一定的方法借鉴意义。

一、教育过程“顺应自然”观

教育过程“顺应自然”观是指强调教育过程要遵循自然规律，确保个体能获得自由发展的理论。这种观点最早可以追溯至古希腊教育家亚里士多德的自然主义教育观。亚里士多德倡导儿童教育要开展自然主义运动，即因循儿童的自然天性进行教育，原因在于儿童的生活既有人类生活的特性，也与动植物的生活具有相似性。① 在亚里士多德看来，个人的灵魂由植物性部分即身体部分、动物性部分即非理性部分和理性部分构成。它们的关系是“躯体先于灵魂，灵魂的非理性部分先于理性部分”，那么，在教育实践中最先需要重视的是孩子的身体素质，而后要关注儿童情欲的塑

---

① 薛文蔚：《自然主义与教育》，商务印书馆1933年版，第2页。

造，最后要重视培养儿童高尚的灵魂。① 也就是说，教育要遵循人的自然发展规律。亚里士多德的自然主义教育观一定程度上揭示了教育要遵循人的身心发展规律思想，是教育理论及教育实践发展的重大突破性举措。

进入中世纪神学统治时期后，基督教神学对各种追求科学、理性的教育观点进行打击迫害，亚里士多德的自然主义教育观也不例外。直到文艺复兴运动之后，教育过程“顺应自然”的理论才又浮出水面。夸美纽斯的“教育遵循自然的原则”观是这一时期的典型代表。夸美纽斯教育适应自然观实际上包含两方面的内涵，一方面是教育实践、教育过程要遵循自然界的普遍法则规律。夸美纽斯认为教育过程要适应自然，遵循自然规律，要以万物发展的秩序作为改造学校教育的基础。② 他认为只有遵循自然秩序、模仿自然秩序建立起来的教育，其过程的开展才能同自然运行一样顺畅。他在《大教学论》中，还引用西塞罗的话来加以确证，人们绝不会在自然向导的指引下走入歧途或陷入迷途。③ 夸美纽斯认为自然就像一架机器，是由各种零件有秩序地结合在一起运作的，秩序就是这台机器的灵魂和动力，只要秩序得当，它就能够保持充足的运动力量。教育也是这台机器的一个零部件，也有自己的秩序，教育要充满活力，就必须保持有秩序的运作。因此，他强调学校应该组织得“像一座用最巨大的技巧做成的、用最精细的工具巧妙地雕镂着的钟一样”④。另一方面，教育实践还要遵循人与生俱来的天性。夸美纽斯肯定将人的心理形容为谷米或种子的比喻。在他看来，虽然谷米或种子将要长成什么样的树木或植物，这个无法直观地看到，但是它实质上已经内在地存在着。因此，夸美纽斯认为我们没必要从外界给予受教育者更多的东西，我们更需要关注的，是显露受教育者

---

① ［古希腊］亚里士多德：《政治学》，吴寿彭译，商务印书馆 1983 年版，第 395 页。
② ［捷］夸美纽斯：《大教学论》，傅任敢译，人民教育出版社 1984 年版，第 57 页。
③ ［捷］夸美纽斯：《大教学论》，傅任敢译，人民教育出版社 1984 年版，第 81 页。
④ ［捷］夸美纽斯：《大教学论》，傅任敢译，人民教育出版社 1984 年版，第 42—43 页。

本真的、潜藏在自身深处的东西。① 在他看来，人是造物中最完美、最崇高、最理想的。人自身就是奇妙的“小宇宙”。教育不需要教会他别的什么，只需要引导他把自身内部的所有表现出来。因此，他强调教育要适应个体的年龄、心理特点等。夸美纽斯提出教育遵循自然法则理论是基于对基督教神学的专制统治与旧教育的杂乱无章的强烈反对。对于推动教育实践的科学发展具有重要意义。但就夸美纽斯的教育遵循自然法则的观点看，不论是遵循自然界的普遍法则还是人的天性，都是一种消极的适应观。

18 世纪，卢梭在继承亚里士多德、夸美纽斯等的教育适应自然理论的基础上再次对教育“顺应自然”原则进行了丰富发展，使其成为比较完善的体系。卢梭指出，我们唯有按大自然的引导行事，才会不至误入人生的歧途。② 但与亚里士多德、夸美纽斯的教育遵循自然观的“自然”不同的是，卢梭所强调的“自然”不再是对自然秩序的强调，而仅仅是对个体与生俱来的天性的强调。他强调的教育遵循自然，就是强调教育内容、方法、情境的选择以及教育进程的设定都要按照个体天性的发展规律而展开。而个体天性的发展规律表现出秩序性，教育要取得好的效果，必须按照这种秩序展开。正如卢梭所说，儿童在长大成人前，就应该有儿童的样子，这是大自然所要求的。他们应该有属于自身的感情、观点和想法，以成人的思想左右儿童的看法，是不妥当的。③ 亚里士多德、夸美纽斯、卢梭等思想家、教育家关于教育要“顺应自然”的理论观点在很大程度上揭示了教育规律，在历史上对于推动教育实践的科学化发展起到了举足轻重的作用。这对于本研究也提供了丰富的方法借鉴。

二、教育过程“心理学化”观

18 世纪末 19 世纪初，裴斯泰洛齐以个体的心理发展规律为基础，主

---

① ［捷］夸美纽斯：《大教学论》，傅任敢译，人民教育出版社 1984 年版，第 30 页。
② ［法］卢梭：《爱弥儿（下卷）》，李平沤译，商务印书馆 1978 年版，第 536 页。
③ ［法］卢梭：《爱弥儿（下卷）》，李平沤译，商务印书馆 1978 年版，第 91 页。

张“教育心理学化”，也就是强调教育过程要与教育对象的心理发展规律相一致。裴斯泰洛齐强调，个体符合心理学的训练应该在其有意识、有目的地从外界获得感觉认识之时就已开始。因为人要成为人，只有通过“艺术”。① 这里的艺术就是指教育或训练。他虽然对于儿童的心理发展过程未给予清晰的解释，但是已经强调符合儿童心理发展规律的教育训练对于儿童的道德养成具有基础性作用。更加可贵的是，裴斯泰洛齐强调以心理学作为教育教学实践的基础，并在实践中，遵循心理发展规律开展教学。他在“教育心理学化”思想的基础上构建了要素教育体系，“要素方法的问题，就是如何使人的才能和能力的培育与大自然的顺序一致”②。他认为教育过程遵循从简单到复杂的发展规律，也就是说，在对儿童进行道德教育的时候，最开始的时候要对儿童进行最简单要素思想的学习训练，在儿童掌握了相关的知识的基础上，再对其进行较高层次的道德训练。因为，简单的感觉印象与复杂的感觉印象之间，存在着紧密的内在关联。唯有搞清楚简单感觉印象的诸要素，才能以之为基础，认识复杂的感觉印象。换言之，搞清楚简单感觉印象的诸要素，会降低对复杂感觉印象的认识难度。③与夸美纽斯、卢梭等的教育顺应自然的思想观点相比，裴斯泰洛齐关于教育过程要遵循儿童的心理发展过程的“教育心理化”观点对于教育过程规律性的认识又取得了较大的进步。

除此之外，怀特海也强调教育要遵循心理发展规律，提出教育的节律原则。他主张学生所学习的具体学科及具体学习方式，应在恰当的时间，以契合心理发展阶段为原则进行。④ 斯宾塞也提出教育必须适合个体心智发展变化的自然过程。他指出教育不应违背儿童心智发展的自然过程，违

① ［瑞士］裴斯泰洛齐：《裴斯泰洛齐教育论著选》，夏之莲等译，人民教育出版社1992年版，第75页。

② ［瑞士］裴斯泰洛齐：《裴斯泰洛齐教育论著选》，夏之莲等译，人民教育出版社1992年版，第411页。

③ 任钟印：《西方近代教育论著选》，人民教育出版社2001年版，第248页。

④ 任钟印：《西方近代教育论著选》，人民教育出版社2001年版，第119页。

背该过程将会对儿童自身的成长带来负面影响，人为地、主观性地干扰儿童心智发展的自然过程是失之偏颇的行为。① 建立在儿童心智演化基础上的新的教学方法必须遵循以下一些原理，例如，从简单到复杂、从不确切到确切、从具体到抽象、从实验到推理、引导儿童自己进行探讨和推论等。

三、“教学形式阶段”观

赫尔巴特的“教学形式阶段”观则把教育心理化理论推向了高潮。他指出，教育同样具有科学性，其是以心理学与实践哲学这两大理论为基石的。心理学廓清教育的手段、存在问题及解决路径，实践哲学厘清教育的目的与归宿。② 在赫尔巴特看来，教育要取得良好的效果必须是教育的各个方面都协调运作，构成一个完整的统一体。要构成这个完整的统一体，就必须对实际的教育过程进行规定和安排，以建立一种合理有效的教学程序，使教育者能够有计划、有步骤地施展教学实践。而这种安排和规定必须建立在儿童的心理发展规律的基础上。赫尔巴特认为人的心理发展是由两个阶段构成，即“专心”与“审思”。在这样的认识基础上，赫尔巴特把教育过程划分为“明了”“联想”“系统”“方法”等四个相互联系的阶段。此教育过程的四阶段划分即为赫尔巴特的“教学形式阶段”观。他强调教育者如果要使教育对象清楚地理解和掌握教育内容，那么必须遵循这样的教育教学规律：即便是对教学对象最不起眼的组成部分，也要给予同等的“专心”与“审思”，具体来说，就是要依次展开以下活动，要清楚、明了地掌握所认知的事物，并且要对其展开联想，这个联想活动还要注意前后一致性，也就是要做到系统性，最后在遵循这样的次序基础上，要加以运用。③

---

① ［英］斯宾塞：《教育论》，胡毅译，人民教育出版社 1962 年版，第 46 页。

② 张焕庭：《西方资产阶级教育论著选》，人民教育出版社 1979 年版，第 298 页。

③ ［德］赫尔巴特：《普通教育学·教育学讲授纲要》，李其龙译，人民教育出版社 1989 年版，第 70 页。

赫尔巴特的“教学形式阶段”观在教育界得到极大的关注。之后，该理论得到众多教育家的丰富发展。例如，大力宣扬赫尔巴特教育思想的齐勒尔曾把赫尔巴特的“教学形式阶段”的第一阶段即“明了”细化为“分解”“综合”两个阶段，从而使教育形式四阶段丰富为“分解”“综合”“联想”“系统”“方法”等五阶段。赖因也非常赞同赫尔巴特的“教学形式阶段”观，但他把其进行了通俗易懂的表述，提出了“五段教学法”，即“预备”“提示”“联合”“概括”和“应用”等五个阶段。“五段教学法”也为后来世界许多国家作为教学模式加以采用。

不论是赫尔巴特的教育过程四阶段理论，即“教学形式阶段”观还是其后继教育家对其的丰富发展的教育五阶段论或“五段教学法”，虽然有忽视学生智能发展及把教学过程过分公式化的倾向，但它们都是立足于心理学以及教学经验总结的基础上对教育教学过程的阶段划分的首次尝试，进一步揭示了教育教学过程规律，对于推动教育教学实践发展具有重要的意义，也是本研究的重要资源之一。

四、“从做中学”的“教学五步”观

19 世纪后期至 20 世纪初期，“活动教育运动”“活动教学运动”兴起，活动性教育家批判以静止、机械、固定的思想为主导的书本知识传授性的传统教学模式，主张建立以获取直接经验和遵循个体身心发展特点的以实践活动为主的新教育教学模式，即“从做中学”教育模式。活动性教育思想家对活动教育，即从“做中学”的教育过程规律、阶段环节等进行了探索，提出了许多具有重要影响力的教育过程理论。例如，杜威基于思维在活动教育过程中的重要作用，提出了著名的“教学五步”理论。杜威认为，“只有那些在思维训练基础上形成的习惯才能代表真正的道德行为”①，他主张活动教育过程中教育者要做的就是唤起儿童的思维，培养儿

① Goldwin, James Emxson, *John Dewey's Concept of Education as a Arowth Process*, Meerut: Nishkam Press, 1989, p. 62.

童的思维习惯和思维能力。他认为思维的作用就是“将经验到的模糊、疑难、矛盾和某种纷乱的情境，转化为清晰、连贯、确定和和谐的情境”①。在他看来，思维过程具体可以划分为五个步骤：一是，疑难情境在思维中呈现出来；二是，通过思维的初次判断，确定疑难；三是，在反复的观察和资料的收集之后，提出种种问题的解决方案；四是，通过推导分析，确定解决问题的最终方案；最后，再运用实验来加以验证。基于思维五个步骤的基础上，杜威把教育教学过程相应的划分为五个步骤：一是，教育者围绕教育目标为儿童设计相应的情境，使儿童在情境中去发现问题、感受困境；二是，在情境的刺激与教育者的引导下，鼓励儿童去提出问题；三是，让儿童在相关资料的收集和仔细地观察过程中提出问题解决的多种假设；四是，让儿童对这些假设进行整理和排列，并做出可行性分析，选择最优方案；最后，让儿童应用该假设，使这个假设付诸实践，并在实践中加以检验。可以看出，杜威以个体思维的步骤为基础设计的教育、教学过程的阶段环节是彼此衔接、紧密相联的，内含着教育链思想，对于本研究提供了更为具体化、科学化的教育思想资源。

五、程序教学观

20 世纪 30 年代后产生的新行为主义教育思想，非常关注教学过程的可操作性的学习理论教学方法及技术。如主要代表人物斯金纳在其提出的强化理论基础上创设的程序教学理论。斯金纳在观察鸽子的学习行为的实验中，提出了著名的强化理论。强化理论主要包括强化列联（由刺激情境—反应—强化三个环节构成）和强化物（能够增加反应可能性的刺激）两个部分内容。他认为强化理论在学习过程中具有重要作用。同时他又认为教学过程应该遵循学习过程规律。因此，他以强化理论为基础提出了程序教学理论。他以强化理论为基础认为个体的学习过程具体表现为“刺

① 赵祥麟、王承绪：《杜威教育论著选》，华东师范大学出版社 1981 年版，第 298 页。

激”→“解答”（反应）→“确认”（强化）→“进展”四个阶段的层层推进。那么教学程序的设计就应该遵循此四个阶段层层推进的关联关系，且遵循个体学习发展程序的教学程序则有利于推动个体学习发展程序的依次展开。为使程序教学理论更加科学、客观，他还进一步提出了程序教学的五条基本原则，即积极反应、小步子、及时强化、自定步调及最低错误率原则等。在程序教学理论的基础上，他发明了程序教学机器。通过程序教学机器展开教学，能够保障教学过程的依次展开。当然，斯金纳也强调，程序教学机器并不能够代替教师，它只是教师用来节约时间和减少重复性劳动的工具。程序教学机器能够使更多的对象接受教育。斯金纳的程序教学理论对世界各国的教育实践都产生了广泛影响。虽然该理论依据学习过程规律将教学过程具体设计成固定的程序步骤，特别是运用事先编制好的流程的机器展开教学不免有刻板、机械之嫌，但它将教学过程规律与现代化技术相结合设计出现代化教学技术手段，对于推动教育教学的科学化、具体化、精确化无疑具有重要意义。

诚然，西方社会的主流意识形态理论教育过程理论经历了遵循自然的教育过程“顺应自然”观到遵循心理过程的教育过程“心理学化”观，再到各种教学过程阶段观及程序教学观的发展，只是西方社会主流意识形态理论教育过程理论发展的主要线索，并不否定存在多种观念并存的事实。但从根本上说，不论是何种观点都是基于教育对象的心理发展规律出发。这些丰富的教育思想为推动主流意识形态理论教育实践的科学化、具体化起到了重要作用，也是本研究的重要方法借鉴。

小　结

本章首先致力于探寻本研究的理论基础，为本研究奠定理论基础。马克思主义经典作家关于包括联系、发展、过程、矛盾、规律等原理在内的唯物辩证法、包括认识运动过程、认识运动规律等原理在内的认识论及思想政治教育环节等的相关论述蕴含了大量思想政治教育链思想理念，是本研究的理论指导和理论基础。再从历史发展的纵向坐标出发对中国传统社会及西方社会的主流意识形态理论教育过程环节、规律、程序等相关思想进行挖掘梳理。中国传统社会思想家、教育家关于主流意识形态理论“学”的过程环节及教育时序思想为本研究提供了丰富的思想资源。西方社会从古希腊罗马时期到中世纪神学统治时期再到文艺复兴之后的教育改革时期，对教育过程遵循自然规律、遵循心理规律，以及建立在其基础上的各种教学阶段环节思想及程序教学理论则对本研究提供了有益的方法借鉴。

第三章

思想政治教育链的内涵、特征及功能

思想政治教育链虽然在理论界、学术史上还是一个比较陌生、新颖的概念，但其并非是一个新造的词语。它是对大学生思想政治教育的规律性、本质属性的科学揭示，在实践中人们一直在自觉与不自觉地进行着思想政治教育链的建构活动。如同我们在未理解“辩证法”概念前，就已在实际生活中运用辩证法思考一样。理论来源于实践，任何理论认识都是对实践深化认识的结果，反过来，成熟、深刻的理论认识又是指导实践的指南。那么，从理论层面上阐明思想政治教育链至关重要。弄清楚思想政治教育链是什么，从内涵上说就是厘清其概念，从外延上说就是揭示出其特征与功能，是本研究的首要任务。

第一节　思想政治教育链的内涵

理论研究的顺利展开离不开对其研究对象的确认，那么，就需要对思想政治教育链的含义及与之相关概念的联系与区别加以研究分析，以确定研究方向与研究范围。

一、思想政治教育链的含义

从当前思想政治教育链相关问题研究的文献资料的梳理来看，学者们对思想政治教育链给予了一定的关注，但仅仅是抛出了概念，从具象化的层面提出一些观点，并未对概念的内涵与外延加以剖析。如有学者提出，大学生思想政治教育贯穿着“安全感培育→素质拓展→价值提升→自我实现”的具有梯链式的主链。① 还有学者提出，思想政治教育链由学校教育、家庭教育及社会教育的环环衔接构成。② 就概念的规定来说，它是舍弃了事物的具体的、形象的外在形态，是对事物的整体的、根本的、内在的、联系的体现。③ 而上述思想政治教育链的概念大部分是从外在表现上揭示了概念的某个方面，还不够抽象、凝练、准确、全面。要把握思想政治教育链概念的本真含义，就不得不抛开它外在表现出来的丰富形态，去揭示其内在最普遍的联系。

本研究基于对思想政治教育链涉及的链、教育链、思想政治教育及大学生思想政治教育等相关基本概念的分析，认为思想政治教育链是指，以马克思主义基本理论和中国化马克思主义理论来武装大学生的头脑，使其形成马克思主义理论的基本认知，树立马克思主义的信仰，养成在实践中自觉运用马克思主义的立场、观点、方法分析问题、解决问题，在行为规范的活动过程中的各阶段或各环节形成以输入与输出为纽带的具有时间次第的关联关系。换句话说，也就是指大学生思想政治教育的各阶段、各环节之间的相互衔接关联关系。那么，要具体把握这种结构关系，对思想政治教育的分析是关键。

首先，要明确大学生思想政治教育的全程性。思想政治教育的阶级性与科学性的统一特性，说明了理论掌握群众，群众掌握理论的统一，也就说明了该实践运动具有全程性要求。也就是说，大学生思想政治教育实践是贯穿大学生大学学习生涯全过程的教育实践。思想政治教育的阶级性、

---

① 陈婉婷、谢晓默：《梯链式教育与大学生思想政治教育模式新探索》，载《吉林省教育学院学报（学科版）》，2011 年第 8 期。

② 刘社欣：《思想政治教育合力研究》，人民出版社 2013 年版，第 147 页。

③ 张铁森：《马克思主义哲学原理》，中国农业大学出版社 1995 年版，第 163 页。

意识形态性决定了它掌握群众的客观性。对于社会主义国家来说，思想政治教育则是主流意识形态宣传途径。而且这种主流意识形态教育要求其贯穿个体生命的全过程。从国家、社会层面来说，理论具有掌握群众的要求，而且是掌握群众的生命的全过程；从群众层面来说，群众具有掌握理论的需要，这种对理论的需要也贯穿群众生命的全过程。毛泽东曾说："马克思说人比蜜蜂不同的地方，就是人在建筑房屋之前早在思想中有了房屋的图样。"① 人与动物的区别在于人具有意识，人的实践活动是在思想观念的指导下进行的。人的思想观念越是科学，越有利于指导实践。以对自然界万事万物发展运动变化规律、人类社会的更替演进规律以及人类思维运动规律的揭示为核心内容的马克思主义理论，对于人们的实践来说，能够提供科学思想理论指导。在社会主义现代化建设中，群众要获得好的发展，就需要有马克思主义理论的指导。但人的思想观念、马克思主义理论要通过教育、学习获得。正如列宁所指出的，"工人本来也不可能有社会民主主义的意识。这种意识只能从外面灌输进去"②。群众的马克思主义理论知识，只能通过宣传、教育、学习、实践等方式而逐渐形成。人有理论的需要，而理论的获得要通过教育、学习、实践等途径，那么人有理论的需要就转变为人有接受理论教育的需要。实践是人存在的基本方式。从事实践就需要有理论的指导，那么人的理论的需要及获得理论的理论教育的需要也就伴随人一生。可见，理论掌握群众与群众掌握理论的内在统一，以及这种内在统一贯穿个体生命的全过程，就决定思想政治教育实践的全程性。对于大学生这个群体来说，就是强调思想政治教育实践贯穿大学生大学学习、生活的整个过程。

其次，要明确大学生思想政治教育的阶段性。一方面，是由于其全程性要求其贯穿个体生命的全过程，但个体在各个阶段的理论认知接受能力的不一致，决定了各阶段理论教育实践的目标、内容、方法、手段等的不

---

① 《毛泽东文集》第2卷，人民出版社1993年版，第344页。

② 《列宁专题文集 论无产阶级政党》，人民出版社2009年版，第76页。

一致，从而使教育实践表现出阶段性，也就是说大学生涯的整个思想政治教育具有阶段性特征；另一方面，是基于其教育要求所表现出的层次性，思想政治教育是理论性与实践性相统一的教育实践，体现了大学生思想政治教育是从认知到践行、知行合一的过程，而这个认知到践行的过程中还具有情感认同、意志养成、信仰树立等多个子过程，各子过程中大学生的思想状态和社会实践都不一致，教育内容、目标、方法的侧重点也不同，从而使具体的教育过程也表现出阶段性特征。大学生思想政治教育的阶段性也是链系统存在的前提。

最后，要明确研究的关键在于厘清大学生思想政治教育各阶段或各环节之间的相互衔接关系。厘清大学生思想政治教育的范围与阶段性的目的在于厘清其各阶段或各环节之间的关联关系，从而科学地揭示大学生思想政治教育规律，以提高实践的科学性与有效性。在大学生思想政治教育各阶段或各环节之间的相互衔接关系的揭示中，一方面要厘清各阶段或各环节之间的时间次第关系。要遵循教育过程的时间节奏、时序性，有序地施展过程的各环节。另一方面，要明确各阶段或各环节之间的输入与输出关系，以定位各阶段环节在整个链系统中的地位和功能，促使教育过程各阶段环节的相互衔接、环环相扣，从而推动理论教育链的有效运行。

二、思想政治教育链的相关概念辨析

进行思想政治教育链的相关概念辨析，能够更加明确地把握思想政治教育链的科学内涵。具体来说，要科学把握思想政治教育链的内涵，还需要将之与大学生思想政治教育工程、机制、程序等相关概念进行比较分析。

“工程”最初是指生产、制造过程中需要比较大且复杂的机器来完成的工程，如机械工程、土木工程、采矿工程和水利工程等。随着系统科学的发展，工程概念的内涵逐渐扩大化，被系统科学所吸纳，出现了系统工程概念。钱学森曾指出，在高度组织起来的现代社会里，到处都充斥着系统现象，任何活动都可以用系统加以分析，而这个系统的组成、建立、运行、管理、评估等就构成了系统工程。① 系统工程也逐渐被纳入政治、经济、社会、教育等广大的学科研究领域，出现了生物工程、心理工程、信息工程、行政工程、教育工程等多个分支。在马克思主义理论研究与教育领域也将工程纳入其视域中。2004 年中共中央发布的《关于进一步繁荣发展哲学社会科学的意见》中明确提出实施马克思主义理论研究和建设工程，随即中共中央办公厅转发《中央宣传思想工作领导小组关于实施马克思主义理论研究和建设工程的意见》，对马克思主义理论研究与建设工程做了重要部署。2007 年中央印发《“青年马克思主义者培养工程”实施纲要》，该工程是要通过用马克思主义中国化最新成果武装广大青年，使他们成为中国特色社会主义事业的合格建设者和可靠接班人。不论是马克思主义理论研究和建设工程，还是青年马克思主义者培养工程都是把对象当成一项系统工程加以管理、运行，强调落实“如何做”“怎么做”等问题，实质上是以系统科学的思维方式来指导实践，使其更加富有实践性和社会性。可见，思想政治教育工程与思想政治教育链是两个不同的概念，他们既有区别又有联系。区别在于思想政治教育工程是作为系统本身的具体存在，而思想政治教育链则是作为描述思想政治教育工程系统内部的链式结构关系的范畴。它们又是相互依存的，思想政治教育工程增强思想政治教育的系统性，能够助推思想政治教育链的形成和运行，而思想政治教育链的形成与运行又是推动思想政治教育工程顺利进行和取得实效的重要途径。

机制，从词源上说，《辞海》给出的定义是，“机器的构造和动作原理”②。实质上，机器的内部构造方式与工作方式就是机制最原初的含义。之后，它首先被引入生物学研究领域，用以描述机体组织内部各组成部分及它们之间的关系，而且反映这种关系的相互作用过程与方式。逐渐地，

---

① 钱学森：《论系统工程》，湖南科技出版社 1988 年版，第 180 页。

② 辞海编辑部：《辞海》（中卷），上海辞书出版社 1989 年版，第 3270 页。

该概念被应用于社会学、经济学、心理学、管理学等社会化科学领域。在思想政治教育领域，也有学者提出高校马克思主义大众化机制、思想政治教育的创新机制以及思想政治教育机制等概念。所谓高校马克思主义大众化机制是指，高校内部在对大学生实施马克思主义理论教育的过程中所涉及的各种因素之间的相互关系及各种因素构成的过程运动方式。① 所谓思想政治教育机制是指，思想政治教育中所涉及的各种因素基于一定的法则、原理而结成的相关关系和运作方式。② 可见，就思想政治教育来说，机制概念都是反映教育实践运行过程中各要素之间的逻辑关系及运作原理。可以说，机制和链是十分相近的概念，它们都是对系统运行过程的结构关系的反映与描述，但机制是从整体上描述系统内部涉及的各要素、各环节之间的纵横结构关系以及运作方式；而链则仅描述教育过程中的各阶段、各环节环环相扣、相互衔接的结构关系，从这个意义上说，链较之机制来说，是更加具体的概念。

程序顾名思义是由“程”和“序”构成，程指过程，序指序列关系。程序是指某项工作、事件运作过程中依照时间顺序展开的步骤、流程等。对于教育教学而言，有程序教学与教学程序两种概念。程序教学是斯金纳在对老鼠和鸽子的学习能力进行研究的基础上，提出的适应学习过程的教学理论。程序教学主要是把教学目标和内容分解成若干个相互衔接的小部分，再依次按照步骤进行。整个教学过程是在教师的主导和辅助下，由教学机器执行教学程序完成。在注重实用主义的西方发达国家，程序教学理论得到了极大的推广，在各类教育教学模式中，教育者都习惯编制各种可具操作性的程序，对教学步骤做出具体的设计安排。教学程序则是指更为广泛性的概念，即指教学实践活动的流程、运作步骤。为了提高教育教学的操作性、实效性，许多学者和教育教学前线工作者都对最优教学程序提

---

① 陈洁：《高校推进马克思主义大众化机制的思考》，载《思想理论教育》，2009 年第 23 期。

② 邱伟光、张耀灿：《思想政治教育学原理》，高等教育出版社 1999 年版，第 206 页。

出了设想。如有学者提出，思想政治工作程序是由“认识”“决策”“实施”“评估”等四个阶段环节构成的前后有序、相互承接的流程。① 马克思主义哲学教学的程序由教学信息的内化过程、传递过程和反馈过程等三个环节的依次展开构成。② 思想政治理论课的实践教学程序由“目标确立”“计划制定”“类型选择”“组织实施”和“总结考评”等五个环节层层推进构成。③ 可见，程序是一项工作运作的具体流程。这个流程是由具体的各个步骤依次执行得以完成。各个步骤要能够顺利地依次执行，那么各个步骤之间就要具有相互衔接的关联关系，也就是要具备链的结构关系。从这个意义上说，链是对程序内在结构关系的反映。但程序并非等同于链。链较之程序更为本质、内在，程序则更为具体、详细、直观。具体来说，程序是遵循链的规律性而设计的具体操作流程。

从思想政治教育链与工程、机制、程序等的概念比较中，也能够更深入地认识到其本质意涵，它是一种反映大学生思想政治教育的各环节、各阶段的环环相扣、相互衔接的结构关系。

第二节 思想政治教育链的特征

特征是事物质的规定性的外在表现，也是该事物为该事物而非他事物的质的区别所在。因此，要把握思想政治教育链的本质，有必要进一步对其基本特征进行研究。而对于思想政治教育链加以特征描述，需要从多个维度加以阐释方能获得较为完全的认识。本研究依据系统科学原理，逐一

① 曹占高：《思想政治工作方法程序的规律性研究》，载《西华师范大学学报（哲学社会科学版）》，2004 年第 6 期。

② 李秀华：《优化教学程序是提高教学质量的必由之路——兼谈怎样上好马克思主义哲学课》，载《税收纵横》，1991 年第 2 期。

③ 李瑞清：《思想政治理论课实践教学的操作程序及其管理机制》，载《内蒙古师范大学学报（教育科学版）》，2009 年第 7 期。

对思想政治教育链作为系统表现出来的系统性、处于运行状态表现出来的运动性特征及在运动过程中表现出的生态性特征展开研究，以深层次认识思想政治教育链的内在本质。

一、思想政治教育链的系统性特征

作为大学生思想政治教育系统的结构关系的思想政治教育链自然具有系统性属性。它的系统性特征具体表现为整体性、层次性、复杂性及自组织性等几个方面。

（一）整体性

思想政治教育链的系统性特征首先表现为整体性。系统科学认为，当多个要素、部分遵循某种方式或规律结合而组成为一个系统组织，这个系统组织就会产生出整体才具有，各要素、部分或各要素、部分相加而不具有的东西。如整体的形态、特性、行为、功能等。思想政治教育链作为系统的结构关系，自然表现出整体的形态、整体的特性、整体的功能。首先，由于各要素、各环节围绕共同的目标，构成了大学生思想政治教育的链式形态。一旦系统分解为它的组成部分，也就是一旦把思想政治教育链分解为各阶段环节，这种链式形态就将不复存在。它是各要素、各环节在构成思想政治教育链行为中特有的形态。其次，各要素、各环节一旦按照思想政治教育链的内在规定性结合起来，它的行为就要受到统一目标、统一规则的约束，表现出整体的行为方式，不论是系统内部的运作，还是系统与外部环境的适应、影响作用，都是以整体的行为出现。如思想政治教育链的环境则是以思想政治教育链系统为中心向的，凡是围绕思想政治教育链中心向的外界要素都属于思想政治教育链的环境的范畴。最后，各要素、各环节相互作用构成的有机整体的功能具有整体性，具体表现为整体功能之和大于各部分、各要素功能的相加或叠加。古希腊哲学家亚里士多德提出，“整体大于它的部分总和”。正如，人的双眼的视觉功能就要远远超于两只单眼视觉功能相加之和。就思想政治教育链的系统内部来说，教育主体、客体、内容、方法等各要素并非单独发生作用，而是按照教育目标而自觉规范自身的功能、行为，使其成为系统组织的某个组成部分或次组织，从而产生出整体的功能效应。

（二）层次性

系统整体性功能的表现在于，各要素有机地促成各层次有序地相互协作而得以实现。任何系统的内部都具有层次性规定，层次是系统各要素之间差异的体现，也是各层次相互协作的方法。在思想政治教育链系统中，也存在层次性特性。例如，依据系统与组分的关系，思想政治教育链系统可以划分为整体层次与要素层次；依据系统的范围分类，可以把思想政治教育链划分为宏观层次与微观层次等。思想政治教育链整体层次功能的实现并非是各要素、各环节的功能直接涌现或传递到理论教育链整体本身，而是通过系列中间层次等级的整合逐渐涌现出来的。

（三）复杂性

思想政治教育链系统的各要素按照一定的关系结成一定的层次性，但基于它涉及的面、要素、环节都十分广泛，表现出复杂性的特性。尼古拉·雷舍尔指出，系统的复杂性表现在其组分、结构、功能及认识等几个方面。① 思想政治教育链的系统复杂性自然体现在此四方面。一是，思想政治教育链的构成要素表现出复杂性。思想政治教育链是由教育的参与者，即教育组织者、管理者、施教者与教育对象和教育开展的介体即教育内容、方法、载体以及教育环境等要素构成多个相互链接的环节组成的链式系统。在构成要素的类别上是复杂多样的，不仅包括一级要素——环节、阶段，如理论教育活动过程的准备、实施、评估等环节、阶段；而且包括二级要素——主体、客体、介体、环体等。在构成的各要素的具体组成上也是复杂的，如二级要素——主体来说，既包括学校的思想政治理论课专人教师队伍，还包括相关社会科学的教师队伍，如辅导员、班主任、

① Nicholas Rescher, *Complexity: A Philosophical Overview*, New Brunswick: Transaction Publishers, 1998, p. 9.

党团组织，家长、政府、大众传媒、社会组织等。二是，思想政治教育链的结构表现出复杂性。如具体的思想政治教育链的建构中，是以理论教育的规律性与大学生思想观念形成规律为基础展开。而人的思想是复杂的，思想观念的矛盾运动过程也是复杂的、不可预见性的，整个理论教育过程的内在组成的可能性也是具有可变性的，因此，具体的思想政治教育链内在结构体现出复杂性特性。三是，思想政治教育链的功能表现出复杂性。结构具有复杂性，那么功能也自然具有复杂性特性。思想政治教育链不仅涉及教育者与教育对象之间的纯粹的教育的“教”与“受”角色功能的完成，而且涉及教育对象自身的马克思主义理论素养、思想观念、价值观念与社会要求的应然状态矛盾的和解；从更宽泛的范围来说，涉及家庭教育产生的家庭和谐、社会教育产生的社会发展需求效应等。思想政治教育链要通过理论教育的链式展开提升大学生的理论教育效果，从而指导大学生的生活工作实践，从大学生社会实践产生的多种效益来说，大学生思想政治教育链具有间接的功能，这也体现了它的功能的复杂性特性。四是，思想政治教育链的复杂性还表现在对其的认识的复杂性。虽然思想政治教育链的组分、结构和功能都表现出复杂性，认识过程自然是复杂的。但仍然是可以被认识的，而且我们只有认识了它、把握了它，才能够有针对性地对其施加影响，使其朝着好的方向发展。唯物辩证法也认为，没有不可能认识的事物，只有尚未被认识的事物。

（四）自组织性

哈肯曾指出，一个体系要成为自组织，那么其在形成其具有特定时间、空间、特性、功能等的结构中，是完全不会受到外界特定行为的干涉的，当然并不排除外界的非特定行为的影响作用。① 因为，即便是自组织也不能够抽离于环境，而独立存在。思想政治教育链是通过各要素、各环节按照一定的规律，围绕大学生思想政治教育目标而各司其职，共同推动

① 吴彤：《自组织方法论研究》，清华大学出版社 2001 年版，第 5 页。

目标实现的系统组织。一旦该组织形成，它的各要素便要受到整体的约束、控制、协调、整合，体现出强烈的自组织特征。思想政治教育链的自组织特征在于它的系统性。任何系统都具有自我维持、自我保持、自我调节的自组织性，是它的整体性功能得以实现的基础。而思想政治教育链的自组织性相对于其他系统的自组织性来说，表现得更为强烈，因为思想政治教育链系统的建构主体是人，是具有主观能动性的人的自觉的、自为的思想政治教育实践活动。

二、思想政治教育链的运动性特征

思想政治教育链是对教育过程各阶段环节相互衔接关系的反映，那么自然以运动的形式存在，具有运动性特征。具体来说，思想政治教育链的运动过程表现出时序性、联动性、持存性及发展性等特征。

（一）时序性

思想政治教育链时序性特征体现在思想政治教育链的各组成环节的相互作用过程是有时间规定的。下一环节是上一环节的接续，从上一环节到下一环节的发展是由于下一环节对上一环节在内容和功能上进行了追加。通常来说，上下环节之间的功能接续时间越短，越有利于思想政治教育链各环节的连通，从而越有利于链运行的畅通。从具体的思想政治教育链来看，教育者的教育准备是先于教育实施环节的，只有具备了教育准备，才有可能实施教育实践活动，而教育实践活动的展开是对教育准备工作的实现与发展。在教育准备到教育实施环节的转化过程中也要注意时间接续问题，如果时间间隔较长，可能因为出现新的教育问题而导致教育实施的效果减弱；只有及时地组织教育实施实践，才能保证教育准备环节的有效性，从而推动教育者内化与外化环节等一系列后续环节的展开。

（二）联动性

思想政治教育链联动性特征体现在两个方面：一是，一环节发生变化，另一环节也会随着做出相应的调整、改变。思想政治教育链的各环节基于一定规律、法则相互衔接、相互作用。各环节围绕共同的目标发挥作用，一环节的变化，将导致其他环节也会做出相应的调整。各环节的变化往往是由于构成环节的要素发生变化。某个环节的要素发生变化会致使该环节的功能属性等发展改变，自然其承接环节也要做出相应的调整。例如，当教育者的教育实施环节在运行过程中通过教育者与教育对象的教与受的互动、反馈行为得以实现，教育者会不断调整教育内容、目标、方法等，构成教育实施环节的要素发生了改变，教育实施环节整体上也会发生变化，那么，相应的教育对象的教育内化环节也会发生相应的改变。二是，思想政治教育链整体行为的实现是各要素、各环节协同运作的结果。思想政治教育链的各组成要素、各构成环节正是基于思想政治教育链的整体功能的实现才自觉组合在一起，建立其相互关系，承担相应功能角色，那么，思想政治教育链整体功能的最终实现也正是基于各要素、各构成环节的协同运作。从微观上说，大学思想政治教育链在于教育者的教育准备、教育实施、教育对象的内化与外化等环节的依次展开，而且要恰到一个水平才能使教育链整体功能得以实现；从宏观上说，思想政治教育链只有大学生涯各阶段的思想政治教育实践保持递进动态关系，才能推动思想政治教育链的螺旋上升态势。

（三）持存性

持存性是事物、现象等在一定范围内当时间、空间有所改变的情况下，仍然能够保持其原有的基本性质和一以贯之的东西的特性。这是该事物或现象在运动发展过程中获得认识的根据和可能。表现为运动发展过程的思想政治教育链仍然具有持存性特征。而这种持存性特征也是我们可以认识和把握思想政治教育链结构、功能、形态、特性的根据所在。思想政治教育链的持存性取决于它的构成要素、环节、结构和环境的持存性。就思想政治教育链的构成要素、环节的持存性来说，无论教育准备、教育实施还是教育内化、外化环节都不是在较短的时间内能够完成的，都具有一定的时间要求，更不用说各个阶段的思想政治教育实践具有持存性特征。

而思想政治教育链的持存性特征主要是靠其内在结构的持存性得以保障。正如拉慈罗所说，“个体来而复去，但群体一直维持着。……好像有它们自己的生命和个性”。再者，思想政治教育链运行的环境相对来说具有稳定性、持存性，那么，思想政治教育链运行也保持着相应的持存性。此外，以大学生思想政治教育活动为长期性、持续性、宏大性的工程体系视野来说，思想政治教育链的运动过程也体现出相对的稳定性、持存性特征。思想政治教育链并非一次性的或偶然性的链式教育活动，它是贯穿大学生涯全过程的链式系统。它是各种要素、各个环节、各个力量相互协作，围绕共同目标建立的长期性系统工程。在各要素、各环节、各个力量配合得当时，思想政治教育链整体可以稳定运行而且向前发展，而这种稳定性、持存性并非静止不动的，而是在协调发展和适应外部环境过程中保持的稳定性、持存性。

此外，思想政治教育链的运动性特征还表现为其具有延伸性。思想政治教育链并非封闭的系统，它具有开放性，具有不断延伸的特性。

三、思想政治教育链的生态性特征

多样性和谐共生的现象或存在形式，谓之生态。思想政治教育链体现了思想政治教育各要素、各环节的和谐共生共赢之态。因此，思想政治教育链具有生态性特征。这种生态性特征主要表现在统一体性、平衡性及开放性等方面。

（一）统一体性

生态性强调的就是多要素、多元素协作共存构建为有机整体。正如生态哲学所认为的，世界能够成之为生态系统，就在于构成世界的各种事物之间有机联系的建立，使各种事物成为一个统一体。① 生态学家奥德姆也提出，生态系统的主要特点表现为生物群落与非生物环境之间的整体综合

---

① 薛为昶：《生态理念的方法论意义》，载《思想战线》，2003 年第 3 期。

性及协同进化性，而非他们之间的简单相加。思想政治教育链不论是从它的内部构造还是从它与外部系统的关系来说，都体现了统一体属性。从思想政治教育链的内部看，它是各组成要素、组成环节相互作用、相互依赖、相互衔接构成的统一体。只有各组成要素、环节、部分的相互协作、相互依赖才得以构成思想政治教育链。从思想政治教育链与外部系统的关系看，它是社会大系统中的一个子系统。它的形成与运行离不开与政治、经济、文化等其他外部系统的影响。而生态系统强调的统一体性，不仅是强调事物内部的统一体性，更强调事物与外部事物的统一体性。思想政治教育链以对外部的适应性为条件存在和运行，则体现了它与外部系统统一运作的特征。

（二）平衡性

运动是一切事物的存在和发展方式，但事物的生态性则体现的是事物运动过程中体现的平衡性。“运动变化是事物最根本属性和存在方式，生态系统各种生态因素的运动变化都是遵循物质运动变化的一般规律，是运动与平衡的统一。”① 也就是说，生态系统内部各要素、各部分之间以及与系统外部的相互作用中，各要素、各部分不仅要发挥好自身在系统内的功能作用，而且也要相互之间不断地进行物质、能量、信息交换，以达到系统内以及系统与外部系统之间的平衡，从而使其能够获得良好的发展。思想政治教育链的内部系统强调各要素、各环节的相互协作，通过思想政治教育链整体的整合、协调、控制行为实现各要素、各环节的平衡，从而推动理论教育链的顺利形成与运作。各要素、各环节的恰到其位、各司其职是思想政治教育链形成与运行的前提。从外部系统来说，思想政治教育链延伸至学校、家庭、社会各场合，贯穿大学生涯的各个阶段，涉及的领域、范围十分广泛，也只有在外部的政治、经济、文化等环境的运动中保持平衡，才能够确保思想政治教育链的形成与运行。思想政治教育链的运

① 李丽娟：《生态论视角下的高校思想政治教育研究》，大连海事大学硕士论文，2009年。

动的平衡性也绝非是停滞不前的运动，而是在运动中不断追求更高层次的新平衡。“正是由这种‘平衡—不平衡—平衡’的反复过程，推动了生态系统整体与部分的变化和发展。”①

（三）开放性

不论是实现系统内部各要素、各部分的相互协作构成的统一体，还是系统与外部相互融合构成的统一体，抑或在运动中追求内部之间与内部与外部之间的平衡，都离不开事物的开放性要求。只有具备开放性特征，才能够突破自我的界限，融入其他部分，与其他部分进行物质、能量的传递和交换。大学生思想政治教育链构成的各要素、各环节相互衔接关系的建立，就离不开各要素、各环节的开放性。只有各要素、各环节具有开放性，才能促成他们的相互合作、相互联系。不仅是思想政治教育链的内部系统体现了开放性，而且思想政治教育链对外部系统也体现了开放性，只有这样才能够包容、适应、融入外部系统，作为社会大系统的一部分存在，这是和谐共存的前提。

第三节　思想政治教育链的功能

思想政治教育链是对大学生思想政治教育运行过程的描述，也是对大学生思想政治教育运行实践的程序的规定。思想政治教育链对于大学生思想政治教育实践的顺利进行及效果提升具有重要作用。在此，有必要对思想政治教育链对于理论教育实践的功能展开分析，以准确把握思想政治教育链与理论教育的关系及其在理论教育实践的定位。

一、思想政治教育链的系统规范功能

大学生思想政治教育实践是教育者与教育对象（大学生）之间展开的

① 范国睿：《教育生态学》，人民教育出版社2000年版，第22页。

“教”与“受”的实践活动过程。它以一定的时间和空间为载体，也依赖于一定的程序、步骤而展开。思想政治教育链能够规范大学生思想政治教育实践的程序与步骤，使大学生思想政治教育的各要素、各环节有规律、有步骤地依次发挥作用。具体来说，思想政治教育链对于理论教育实践的系统规范作用体现在三个方面：一是，思想政治教育链的系统结构规范着大学生思想政治教育实践过程中各要素、各环节的位置以及发挥作用的时间次序等。思想政治教育链是以教育目标实现为核心，以遵循教育规律、大学生思想观念形成的发展规律为基础形成的各环节相互衔接的关联关系。遵循思想政治教育链结构关系展开大学生思想政治教育实践活动，能够使各构成要素按照一定的规律法则自觉地组织起来，在特定的时间内依次发挥作用。二是，思想政治教育链是以整体的形式运作。一旦各要素按照思想政治教育链的内在结构结合成为相应的环节，那么它运行的方向、时间、作用等都要受到理论教育链整体的控制、约束，不能脱离理论教育链整体的整合影响。三是，思想政治教育链以整体的功能发挥作用。思想政治教育链不仅对教育主体、教育客体、内容、方法等各构成要素的行为、方向协调运作，而且对于各构成要素的功能、作用的发挥都要进行控制、协调，使各构成要素的功能、作用服务于教育链整体功能的发挥。

二、思想政治教育链的合力教育功能

大学生思想政治教育是通过对大学生施加思想政治教育影响以培育大学生的马克思主义世界观、价值观、人生观的教育实践。实际上大学生思想政治教育是改造人思想、树立人观念的实践。而人的思想观念的塑造教育是件复杂且庞大的工程。一方面，个体的思想观念的形成除了外界环境、教育施加的影响之外，还需要个体的主动参与、认同、接受、内化、外化等。那么也就是说，大学生思想政治教育活动并非一个教育者与教育对象之间“你打我听”的实践，它强调在教育过程中教育对象的积极参与、主观能动性的发挥等。另一方面，人的思想观念又是复杂多变的，难以掌控。为了确保大学的思想政治教育效果，就不仅需要学校理论教育工作者的努力，而且需要多方教育力量以及多方面的教育的合力作用。思想政治教育链则实现了大学生理论教育实践的合力教育。一是，思想政治教育链实现了全面育人教育。人的素质是综合的、多方面的，有关于道德的、职业的、法律的等。各个方面的思想观念都会对其他的思想观念产生影响。那么就要求大学生的全面发展，才能够使其得到全面提升。思想政治教育链不仅提升大学生的理论素养，而且培养其实践能力以及主体性、创新性等方面能力的发展，能够合力育人；二是，思想政治教育链实现了全员合力教育。思想政治教育链不仅仅局限于学校范围内的理论教育队伍、辅导员，而且把范围扩大到社会、家庭及学生群体之中，强调通过社会多方力量的参与，对大学生进行合力教育。三是，思想政治教育链实现了全程合力教育。不仅强调具体思想政治教育实践活动过程各个环节的环环相扣，协调发挥作用，而且强调大学生涯各阶段的思想政治教育实践的环环相扣，从而推动大学生马克思主义理论素养和实践能力的形成发展。

三、思想政治教育链的优化效果功能

大学生思想政治教育是渐进性、连续性和持续性实践，而思想政治教育链结构关系正是对这种渐进性、连续性和持续性属性的揭示，遵循它展开实践能够巩固和优化教育效果。首先，思想政治教育链与思想政治教育的渐进性相适应。思想政治教育是一项工程，不是一蹴而就的事情，需要通过反复实践，不断积累，在量上也要有一个度，要循序渐进，切忌操之过急。从学生的学习接受能力来看，也需要有一个过程，要遵循学生的认知思维发展规律。思想政治教育链是遵循理论教育规律与学生的思想观念发展规律形成的结构关系，遵循这种结构关系展开理论教育活动能够确保其过程的渐进性。其次，思想政治教育链与思想政治教育的连续性相适应。理论教育过程要不间断、连续地进行。一方面，从理论自身来说，马克思主义理论是一个很庞大的知识体系，也是一个知识前后联系很强的理

论体系，要不间断地进行教育，否则会出现断层，影响教育效果。另一方面，从学生自身来说，人的记忆是有一定周期的，如果错过了，再来进行教育，会影响效果。此外，人的思想容易变化，在当下这个社会转型的特殊阶段，人们的思想特别容易受到影响，在西方多种思想输入的情况下，加之市场经济的功利观的影响，信息化时代的到来，更要做好主流意识形态教育，因此要连续不断地进行思想政治教育实践。思想政治教育链反映的各环节相互衔接的关联关系满足了理论教育的连续性要求。最后，思想政治教育链与思想政治教育的长期性相适应。思想政治教育是贯穿大学生涯乃至一生的教育实践，是一项庞大的系统工程。思想政治教育链是对理论教育全过程中的各环节的相关关系的揭示，遵循其建立的教育实践本身就具有全程性要求，自然满足了理论教育实践的长期性、持续性要求。

小　结

本章在链、教育链、思想政治教育及大学生思想政治教育等相关基本概念的分析基础上对思想政治教育链概念的含义进行了界定，又通过与大学生思想政治教育工程、机制及程序等相关概念的联系与区别分析，进一步明确思想政治教育链的内涵。再通过对思想政治教育链的特征即对其作为系统表现出来的系统性特征、处于运行状态表现出来的运动性特征及在运动过程中表现出的生态性特征与其系统规范、合力育人及优化效果等功能展开研究分析，深层次探讨思想政治教育链的本质内涵。

第四章

思想政治教育链的结构

“没有无结构的事物，也没有离开事物的结构。”① 要清晰地认识一事物，就离不开对其内在结构的研究分析。从词源上说，《现代汉语词典》认为，结构是“各个组成部分的搭配和排列”。系统科学认为，结构是系统的各组分之间，甚至是系统之间的联系方式的总和。研究系统的结构离不开对其各组分的研究。各组分及其各组分之间的结构关系是构成系统的两大关键，或者说系统是各组分及其结构的统一。因此，要研究思想政治教育链的结构，即研究构成该结构的各组分以及各组分之间的关系。本章对思想政治教育链的内在结构、形态结构及层级结构展开了深入研究。

第一节　思想政治教育链的内在结构

思想政治教育链的内在结构是指对思想政治教育链内在的要素及其相互关系进行分析，也就是说要对思想政治教育链的链源、链节、链接及链形展开研究。

---

① 余仰涛：《思想关系学——思想政治工作原理》，武汉测绘科技大学出版社 2000 年版，第 105 页。

一、思想政治教育链的链源

“源”原指水流起始的地方，引申为事物、事件、现象等的来历、根由。那么，链源是指链的源头，即链的来历、根由。任何事物、事件、现象都是一个发生、发展的过程，那么都是有源头的。链系统仍然有源头所在。链源是链产生的根由，是此链区别于它链或它事物的依据。例如，在自然界，要实现物质、能量的平衡，产生了生物链，生物链的形成是基于物质、能量传输平衡规律而形成，物质、能量的平衡是生物链产生的根由，是生物链的链源。在人类社会中，为了满足消费者的产品需求，各企业之间相互配合、相互协作，通过经济活动的相互衔接，建立链式关联关系，产业链的链源是满足消费者的产品需求。如汽车产业链由汽车的原料提供商、制造商、销售商等多个企业的相互衔接的活动构成，它的链源是满足消费者汽车产品的需要，即生产产品的目的。

厘清思想政治教育链的内在结构，首先要把握其链源是什么，只有抓住其链源，进而才能够认识其结构组成。从思想政治教育链的内涵界定可以知道，其链源是教育目标，即通过教育实践，使大学生形成马克思主义的理论认知，树立马克思主义信仰理念，并养成马克思主义的实践行为。为何思想政治教育链的链源是教育目标，其理由如下。

第一，它是思想政治教育链形成的原因。恩格斯曾指出，“任何事情的发生都不是没有自觉的意图，没有预期的目的的”①。也就是说，无论是什么样的活动，都是在一定的目的驱动和指导下进行的。思想政治教育链反映大学生思想政治教育中的各环节活动的环环相扣、相互衔接的结构关系。大学生思想政治教育中的各环节的存在及相互衔接关系的建立正是基于实现大学生思想政治教育目标的需要。目标是一种预期达到的效果，表现为一种构思和图景。但“思想本身根本不能实现什么东西。思想要得到

① 《马克思恩格斯文集》第4卷，人民出版社2009年版，第302页。

实现，就要有使用实践力量的人”①。也就是说，目标如果不通过实践，使其成为现实性的力量，那么再伟大的、再美好的目标也是空谈，失去了它的价值。它需要通过“实践”这个桥梁使其从应然转化为实然。思想政治教育链的各环节及各环节的链接关系的建立就在于使大学生思想政治教育目标从应然转化为实然。思想政治教育链上的各环节也是基于教育目标这个桥梁、纽带得以链接。从这个意义上说，思想政治教育链产生和运行的原因在于大学生思想政治教育目标的设置与驱动。

第二，它决定着思想政治教育链的构成。教育过程的开展目的是实现预期的教育目标，那么，教育过程各环节以及各环节之间的衔接关系的设定是依据教育目标实现的需要。也就是说，思想政治教育链内部由什么环节以及以什么样的关系链接起来，决定于教育目标。从总目标来说，大学生思想政治教育的目标是由形成马克思主义的理论认知，树立马克思主义信仰理念，并养成马克思主义的实践行为三个层次组成，即知、信、行的三个层次。这三个层次的目标决定了大学生思想政治教育是一个从低级目标实现即形成认知，到中级目标实现即信仰养成，再到高级目标实现即行为规范的形成的过程。各级目标对应的教育活动成为教育链上的一个环节。大学生思想政治教育体现由认知教育环节、信仰塑造环节及行为实践养成环节三大环节构成。思想政治教育链表现为认知教育环节、信仰塑造环节及行为实践养成环节的相互衔接关系。总目标的实现依靠具体目标的依次实现而完成。具体目标是指，具体的大学生思想政治教育活动过程的目标。每个大学生思想政治教育的具体目标的实现也需要有相应的教育者的教育准备环节、教育实施环节和教育对象的教育内化环节、教育外化环节及其之间相互衔接关系的建立，这就规定着具体的理论教育链结构关系的组成。当然，从不同的角度和层次对大学生思想政治教育进行划分，不论是就总过程还是具体过程来说，其具体的构成环节都会略有不同，所构

---

① 《马克思恩格斯文集》第1卷，人民出版社2009年版，第320页。

建的链也自然存在差异，但从根本上说，它离不开从理论认知到践行这个根本目标的规范和限定。

第三，它规范着思想政治教育链的方向和行为。基于教育过程的各环节、各阶段的相互衔接、相互协作构成的统一体的思想政治教育链，要保持教育过程的各环节的衔接、协作，那么各环在方向上、行为上要保持一致性，否则无法链接在一起。而要保持各环节方向和行为的一致性，关键在于统一目标的指导和规范。有了统一的目标，才能指引各环节朝着共同的方向前进，也才能为各环节提供固定的参照系和统一的衡量标准，为各环节提供规范行为的依据和标准，围绕教育目标的实现，适时调整自身的行为，使其与其他环节保持在一个水平线。可以说，整个思想政治教育链的方向和行为都是由其教育目标来统领、协调、控制。

第四，它规定着思想政治教育链的链宿。链宿是指链的一次完整运行的终点。链宿是相对于链源而言。链表现为运动过程，那么，链一定有终点，即链宿。链宿使链成为一个完整的链系统。链宿确保着链的完整性。而链宿是由链源决定。那么，思想政治教育链的链宿就是教育目标的实现状态，虽然不是完全的重合、一致，更多地是对其目标的部分实现，但它是由大学生思想政治教育目标决定的。思想政治教育链源也规定着其链宿的相对性。大学生思想政治教育目标的实践是一个长期的系统工程，可以说它不仅贯穿大学生大学生涯的整个过程，而且贯穿大学生的整个人生过程。因此，思想政治教育链的链宿自然具有相对性。也就是说，思想政治教育链的链宿并非是结束，它只是暂时的结束，它又是下一次链循环运行的开始，而且是更高层次的开始。

二、思想政治教育链的链节

链是由链节相互衔接构成的统一体。链节又称为环，是构成链的基本单位。如食物链中的以食物级为一链节；产业链中以产业部门为一链节；价值链中以一个价值活动主体为一链节等。思想政治教育链也是由众多链节的相互衔接构成。要把握思想政治教育链的内在结构，离不开对其链节的研究分析。依据思想政治教育链的内涵界定，可知其链节指大学生思想政治教育中的各阶段、各环节。进一步追问，这些各阶段、各环节又有什么样的规定性呢？具体来说，思想政治教育链的链节的含义包含以下四层意思。一是，它属于大学生思想政治教育中的阶段、环节。大学生在大学阶段除了接受思想政治教育之外，还要接受其他哲学社会科学及专业课的教育教学，而根据不同学科的不同教育目标，相应地产生了不同的教育链。也即是说，在大学生的学习生活过程中，交织着无数的教育链环节。思想政治教育链的链节不是别的教育过程的阶段、环节而是思想政治教育中的阶段、环节。二是，它具有相对独立的任务、内容。只有具有相对独立的任务、内容，才能构成一个相对独立的活动单位。该活动单位才有别于其他活动单位的特殊性存在。三是，链节之间具有时序性。时序是指时间序列。正是链节的时序性特征，使链节成为教育过程中各阶段、环节，也是教育过程的时间展演性决定了链节的时序性。四是，相邻两个链节之间的关系是输出与输入的关系。要保障大学生们思想政治教育链形成与运行，链节之间还需要是输出与输入的关系。也就是说前一个链节是为后一个链节的运作做准备，后一个链节是在前一个链节的基础上加工后向后一个链节输出成果。综上，所谓思想政治教育链的链节是指，在大学生思想政治教育中，具有相对独立的任务、目标，且又与相邻的子过程、阶段具有输入与输出的具有时序关系的子过程或阶段。

链节在整个思想政治教育链的形成和运行过程中承担着如下的使命：一是，通过各链节之间的相互衔接，形成思想政治教育链系统。链节是链的载体，链是链节的集合。思想政治教育链的形成是通过各链节的相互衔接关系而建立。单独的某个链节，或者几个链节之间的相互衔接无法构成完整、系统的思想政治教育链。要保证其完整性，就要保障各链节覆盖大学生思想政治教育全过程。只有各链节覆盖大学生思想政治教育，才能保障链的完整性，否则会由于缺少环节，而造成断链，从而影响链整体功能的发挥。二是，各链节之间要通过协作、整合，来推动思想政治教育链的形成与运行。链节具有相对独立性，但离不开与相邻环节的关联关系。它是属于链条上的一个环节，与相邻链节之间都是输入与被输入的关系。各链节不仅要完成自身的目标、任务、内容，而且要在与其他链节的统筹、协作中完成。三是，通过各个活动间的有机协作，创造出比单个链节功能简单相加更大的整体功能。思想政治教育链建构的原因是依循教育链科学地进行思想政治教育，从而使资源最合理地分配，实现各环节的合力，提升教育实效性。各环节要通过相互之间的合作，发挥出大学生马克思主义链系统的整体性功能。

在对思想政治教育链的链节的内涵及作用进行分析之后，要进一步分析各链节之间的关系。基于各链节是大学生思想政治教育中的各阶段、各环节，大学生思想政治教育具有起点和终点，那么就各链节的时空关系来说，存在首环、尾环和承接环。首环，顾名思义是思想政治教育链的起始环，也就是理论教育过程的起点阶段。它在思想政治教育链中具有基础性和方向性的作用，决定着该链的性质和走向。尾环，是思想政治教育链的终点环，也就是理论教育过程的末尾阶段。总的来说，大学生思想政治教育是从目标确立到目标实现的过程。经过一定周期、一定阶段、环节的运演，教育目标从应然转化为实然状态的完成，大学生思想政治教育走向终点阶段，反映这一过程运动的思想政治教育链也运动至尾环。但要注意思想政治教育链的尾环并非终止环，它又是下一个链循环的起始环。承接环是指间于首环与尾环之间的各环节，它们起着承接的作用。正是基于它们的承接作用，使各环节结成链式结构关系。

思想政治教育链强调各环的衔接性、协同性，但各环之间地位上也有主次之分。唯物辩证法认为，事物之间存在主要矛盾和次要矛盾，主要矛盾也具有矛盾的主要方面和次要方面，而主要矛盾和次要矛盾决定着事物发展的主要方向、性质。就各链节在思想政治教育链系统中所起的作用的大小来说，具体存在核心环节、主要环节及辅助环节之分。核心环节在思想政治教育链的形成与运行过程中起着决定性的作用，它通常有调节、掌控运行方向及运行效果的功能。某种意义上来说，核心环节是教育链的关键。如在大学生思想政治教育中，教育者的施教与教育对象的内化环节就是关键，它直接影响着教育效果的好坏，也影响着后续教育环节的开展。因此，要提高理论教育链的运行成效，关键是要提升核心环节的运行效果。思想政治教育链除了具备核心环节之外，还具备相应的主要环节。主要环节是思想政治教育链中必不可少的环节，只是相对于核心环节来说，它的作用不是那么强烈，但它是构成思想政治教育链的必要环节。辅助环节则是起到辅助性作用的环节，它对于思想政治教育链形成与运行的影响相当有限，往往起着助推作用，是重要的补充力量。在思想政治教育链上核心环节与主要环节是影响其发展与运行的关键，但是，思想政治教育链的各个环节的定位也并非是绝对的，在一定的条件下，各个环节之间的地位会发生变化，但是在较长时间内它仍然具有稳定性，这也为我们进行理论研究提供了前提和基础。

三、思想政治教育链的链接

链节之间需要通过一定的方式联系起来，否则就会成为一盘散沙，无法形成链系统。相邻链节之间的关联关系称为链接。链接是链节间发生联系的纽带和桥梁。思想政治教育链不仅是多个链节的集合，而且是各链节通过链接关系组成的统一体。要把握思想政治教育链的内在结构，离不开对其链接展开分析。具体来说，思想政治教育链的链接就是大学生思想政治教育中相邻阶段、环节之间的关联关系。把握思想政治教育链的链接，就是要把握这种关联关系的特性。根本上说，这种关联关系具有客观性、时效性、灵活性等特性。

一是，链接的客观性。客观性是相对于主观性而言的。主观性即主体的主观能动性，客观性相对于主观性来说，是指客观事物不因人的意志、力量、影响而转移、改变的特性。思想政治教育链是教育过程的各阶段、环节在遵循客观规律基础上建立起来的相互衔接、环环相扣的关联关系。那么，相邻链节之间的链接关系自然并非人为的连接，而是遵循客观规律的基础上的连接。链接具有客观性特性。这种客观性特性表现在两个方面。一方面，相邻链节之间的结构关系具有客观性。链节之间构成相邻的结构关系，是要在其功能、属性方面具有输入与输出的相关性。而这种输入与输出的相关性则是由客观规律决定的。另一方面，相邻链节链接的时间具有客观性。思想政治教育链内部是一个从首环节指向尾环节循环运动的过程，在什么时间点相邻的链节发生链接作用，也要遵循客观规律。只有在符合客观规律的基础上产生的链接才能够促成链系统的形成，否则会适得其反。例如，理论教育过程要遵循掌握基础理论、形成信仰，再到行为践行的过程规律。从理论认同到信仰形成再到实践养成是一个漫长的过程，有其内在的周期性，要循序渐进，不能够急于求成。如果忽略大学生的思想素质形成规律，在时机还未成熟之时就强加实践环节，不仅不能够达到预期的效果，反而会适得其反。思想政治教育链的链接具有客观性，并非否认人的主观能动性。人的主观能动性能够对链接的客观性加以认识，并且加以运用以提高教育实践的有效性。

二是，链接的时效性。效具有效果、功用的意思。时效性是指时间因素所产生的效果、功能，具体指在一定的时间周期内具有价值、意义的属性。链接的时效性特性是指相邻链节只有在一定的时间周期内发生联系才能够产生理想的效果、功用。过早的链接或者过迟的链接都会使链接失效。思想政治教育链反映的是教育过程的各阶段的衔接关系，就时间上来说，相邻链节之间链接的时间越短，相邻链节之间的相关性越强烈，越有利于形成链系统，促成链整体功能的发挥。但思想政治教育链的链接的时效性要求其链节在进行链接的时候还要注意以下两方面。一方面，节奏效益。“节奏是时间的一个重要特性；时间节奏就是物质运动缓急的交替和周期的间隔。"① 人的身心发展是由低级向高级有节奏的周期性的过程。适应人的身心发展的教育活动也具有节奏性。教育活动不应该是"一条由灿烂的概括铺成的空中过道通往学问的捷径"，而是"一个一分钟一分钟、一小时一小时、一天一天地耐心地掌握细节的过程"②，说明了教育过程的节奏性。那么，思想政治教育链的链节在链接的时候要遵循教育的时间节奏性，在适当的时间加以链接。另一方面，时机效益。时机是以时间为主导因素的契机。《学记》中记载，"当其可之谓时"，"时过而后学，则勤苦而难成"。说明教育应该在恰当的时间进行，如果错过，则往往劳而无功。思想政治教育链是由大学生思想政治教育的各环节链接构成，各环节又具体反映的是大学生掌握马克思主义基本理论，形成信仰再转化为行为实践的过程阶段。这个过程需要各阶段在一个恰当的时间点链接起来，这个恰当的时间点就是时机，要抓住时机，适时推动链系统的形成与运行。

三是，链接的灵活性。链接的灵活性是主体对客观规律认识、掌握基础上发挥能动性的体现。思想政治教育链的链接的灵活性主要取决于教育过程的互动性特性。大学生思想政治教育是教育者施教过程与大学生的受教过程的统一，在此过程中大学生并非作为一个被动的知识、观念接收者，他是通过与教育者的交流互动中内化马克思主义理论，并经过思想矛盾运动，转化为行为实践的。大学生在受教的过程中会对教育者施加的教育影响做出相应的反应，这种反应又同时反馈给教育者，为了保障教育过程的顺畅性、有效性，教育者会根据反馈信息对教育过程的行为做出相应的调节、调整。这种调整所体现出的链接的改变发生在以下两种情况。一种是通过调节环节而使链接发生相应改变。各环节内容的改变，反映环节间关系的链接自然也会做出相应的改变。另一种是通过直接调整链接的时

① 徐甫颖、黄明坤：《时间节奏初探——新技术革命引起时间观念的变化》，载《哲学研究》，1986年第2期。

② 华东师范大学教育系：《现代西方资产阶级教育思想流派论著选》，人民教育出版社1981年版，第124页。

间点，使链接发生改变。如链接的时机效益就是其体现之一。当然链接的灵活性并非是毫无根据的随意调整、调节，它是在遵循客观规律的基础上的适当的改变、调节，目的是使思想政治教育链更加畅通和有效。

四、思想政治教育链的链形

思想政治教育链并非以实体状态呈现，而是对大学生思想政治教育的各阶段、各环节的相互衔接、相互促进关系的描述，是人的思维方式对客观规律性的认识和把握，虽然它不能像具有实体的客观事物那样可以让人直观地、感性地认识其形状、外观，但它是抽象的具体，是人的理性思维对客观事物抽象后的逻辑具体再现。从其结构的形状上说，一方面，它表现为链形，它是大学生思想政治教育的各阶段、各环节依次展开构成的相互衔接的链条。另一方面，它又表现为统一体，以统一体的形态发挥作用。思想政治教育链是一个完整的、系统的整体，它在运行的时候具有完整的组成要件，也就是说，在这个链式系统中，各个次链和环都是完备的。它是各要素按照关系链接起来实现同一目的的整体组织。

第二节　思想政治教育链的形态结构

思想政治教育链的形态结构是对思想政治教育链的组成要素及相互之间的关系在实际教育实践中的具体化、形象化呈现。本研究从思想政治教育链的微观形态和宏观形态两个层面展开分析，以更加全面、生动、形象地揭示思想政治教育链的结构关系。

一、思想政治教育链的微观形态

思想政治教育链的微观形态结构分析就是对具体的理论教育过程中的各阶段、各环节之间的相互衔接、相互促进关系进行研究。大学生思想政治教育是以马克思主义基本理论体系武装头脑，掌握理论，形成信仰，养成实践行为的过程。总的来说，该过程要求大学生把马克思主义基本理论转化为实践行为方式，以掌握马克思主义基本理论的目标为起点，以形成马克思主义的立场、观点、方法为终点。但科学理论需要通过外界的灌输、教育、环境影响作用，因为“工人本来也不可能有社会民主主义的意识。这种意识只能从外面灌输进去”①。那么，在把马克思主义基本理论转化为大学生的实践行为方式的过程中还包含着许多子环节。如苏莉莉学者提出，思想政治教育的接受过程是由“信息传递、反映择取、整合内化以及外化践行”② 等几个阶段构成。许志功、库桂生等学者也认为，“思想政治教育的基本过程，主要包括两个相互联结、相互制约的过程，即教育者理论教育活动的实施过程和受教育者思想认识和知识素质的形成过程”③。教育者的实施过程由受教育者理论素质状况分析、方案选择、教育活动的具体实施、教育效果评估四个前后衔接的重要环节构成；受教育者受教过程包括知、信、意、行等各个要素的形成，并由认识向行为方式、行为习惯转化的全过程。可以说，理论界学者对于思想政治教育的研究，要么单独对教育对象的受教过程展开研究，要么分成施教过程与受教过程两个层面加以研究，总的来说，不够全面、整体、系统。本研究在把思想政治教育视为教育者施教过程与教育对象的受教过程的统一体的基础上，将教育者的施教过程与教育对象的受教过程作为一个整体加以研究，认为从理论形态的马克思主义转化为大学生思想行为素质形态的马克思主义过程具体体现为从教材体系转化为教学体系，再从教学体系转化为大学生的思想行为体系的阶段性与连续性相统一的过程运动。而且其中的各阶段、各环节又有许多子阶段、子环节构成。依据该过程中矛盾运动所体现出的阶段性，大学生思想政治教育具体划分为教材体系转化为应然教学体系的

---

① 《列宁专题文集 论无产阶级政党》，人民出版社 2009 年版，第 76 页。

② 苏莉莉：《思想政治教育接受机制研究》，东北师范大学硕士论文，2012 年。

③ 胡子克：《思想政治教育概论》，人民出版社 2005 年版，第 292 页。

教育准备阶段、应然教学体系转化为实然教学体系的教育实施阶段、实然教学体系转化为大学生的思想素质阶段的教育内化阶段及大学生的思想素质转化为行为方式的教育外化阶段等四个相互衔接、相互联系的阶段。那么，从微观形态上说，思想政治教育链就是由此四个阶段的相互衔接、相互促进构成的链式结构系统。对思想政治教育链的微观形态的结构分析也就是要分析此四个阶段或四个环节的组成以及之间的相互衔接关系。

（一）始环（基础环）：教材体系转化为应然教学体系的教育准备环节

在分析教育准备环节即教材体系转化为应然教学体系之前，有必要先对教材体系、教学体系、应然的教材体系等有关概念进行分析。教材体系是指马克思主义理论作为思想政治教育相关课程中的教材形式存在的形态，表现为思想政治教育教学过程中运用的相关文字性的或“文本性”的书籍资料。如《马克思主义基本原理概论》《毛泽东思想和中国特色社会主义理论体系概论》《思想道德修养与法律基础》《中国近代史纲要》等教材用书中呈现的马克思主义理论形态。教学体系是指教育者在一定的教育情境内，运用一定的教育方法，以与大学生的认知接受心理与教学需求相吻合的经教材体系编排、设计与再创的马克思主义理论武装大学生的过程体系。应然教学体系是指还未成为现实状态的教学体系，存在于构思、计划、图景中的教学体系。在实质上，不论是教学体系还是处于计划状态的教学体系即应然状态的教学体系与教材体系之间都是以马克思主义理论体系为纽带而保持内在的统一性，只是呈现的形态不同。教学体系是将停留于教材体系静态形式的马克思主义理论通过教学实践传递给大学生的过程体系。只是在传递的过程中，并非直接地将教材体系转述于大学生，而是要将教材体系转化为适合教学实践的内容形式，再借助相应的情境、方法加以传递。教材体系是由具有较高马克思主义理论功底及研究能力的专家学者编制，再经相关教育权威部门多次审核评定形成，致力于马克思主义理论体系的科学、权威表达。其功能和意义要充分得到发挥，还需要教育者将其转化为有效的教学体系。

一方面，教材体系需转化为教学体系以符合大学生的需求。思想政治教育的相关教材在编制的时候是既要遵照国家意识形态要求，反映国家马克思主义理论研究的最高水平，又要兼顾作为教学材料的具体要求，往往在编制的时候，强调内容的精炼、准确、学理性及逻辑的严密性等。而教学体系直面大学生，致力于消解大学生的理论素养与社会要求的应然状态的矛盾。大学生的马克思主义理论需求及思想素质形成规律是教学体系中教育教学内容设计考虑的重点因素。为了保障传递的教育内容与大学生的需求相吻合，使教学过程顺利开展，教材体系要转化为相应的教学体系。另一方面，教材体系转化为教学体系以适应大学生的认知接受特点。思想政治教育的相关教材是对马克思主义科学理论的精炼性浓缩，具有较强的思辨性和抽象性。如对“马克思主义基本原理概论”课程来说，不论对世界观的学习还是对社会、自然及思维规律的掌握都是对现实事物、现象的高度抽象、总结而得出的概论性认识。① 而人的认识过程往往是从感性到理性，从具体到抽象的逐渐发展推进的过程。要让大学生掌握具有较高抽象程度的理论，就需要教育者将教材内容转化为更加具体化、形象化的教学内容。可见，要实现教材体系向大学生的思想素质及行为方式转化，就必须要经过教育者这个纽带将教材体系转化为教学体系。

而要使教材体系有效地转化为教学体系，首先，教育者要做好教育准备工作，将教材体系转化为应然状态的教学体系。正如马克思曾说，“最蹩脚的建筑师从一开始就比最灵巧的蜜蜂高明的地方，是他在用蜂蜡建筑蜂房以前，已经在自己的头脑中把它建成了”②。将教材体系转化为应然状态的教学体系的教育者的教育准备环节是具体的思想政治教育链的始环。该阶段解决的矛盾任务是大学生马克思主义理论素养现状与社会应然要求

① 教育部社会科学司：《普通高校思想政治理论课文献选编（1949—2006）》，中国人民大学出版社 2007 年版，第 219 页。

② 《马克思恩格斯文集》第 5 卷，人民出版社 2009 年版，第 208 页。

之间的矛盾向大学生马克思主义理论素养现状与教育目标之间的矛盾转换。它作为具体的思想政治教育链的始环具有以下三个方面的意义：第一，它是具体的思想政治教育链产生的根据。只有教育者对教育对象思想观念状况与社会要求的应然状况的张力的把握，确立教育目标和教育内容、教育机制，才有可能形成后续的教育活动的实施，以及教育对象的教育内化和外化活动。从这个意义上说，它是整个理论教育链存在的根据和前提。第二，它是具体的思想政治教育链运行的动力源泉。整个教育活动过程都是围绕教育目标展开的实践，教育目标是引发、激励教育行为的原因。教育目标具有针对性、可行性，就能激发教育者与教育对象为之而奋斗，相反则会引起教育对象的反感、抗拒和教育者的失望。而教育目标的确定又在于教育者对于教育对象需求的把握程度，因此教育者的教育准备活动的充分程度制约着思想政治教育链运行的动力状况。第三，为具体的思想政治教育链的顺利展开奠定基础。充分、科学的教育准备决定着整个理论教育活动过程的方向，影响着教育活动的氛围，制约着教育效果，是具体的思想政治教育链顺利运行的前提和基础。

具体来说，教育者要把教材体系转化为应然状态的教学体系，要做好以下几个环节的准备工作。

一是，确定教育目标环节。教育目标对教育者与教育对象（大学生）的行为都有引导、激励、凝聚的作用，也是衡量教育活动施展效果的评判标准和评价尺度。那么，在教育活动施展之前，首先就要确定教育目标。只有教育目标的确定，才能相应地产生一系列完成该目标的教育活动环节。在对大学生进行理论体系教育的基础上，使其掌握马克思主义基本理论，形成马克思主义坚定信仰，并在实践中坚持和运用马克思主义的理论实践。它并非是一朝一夕的事情，而是持续性、长久性的教育工程。在确立教育目标的时候应该考虑到目标性质及层次性，如从性质上说，包括国家明令颁布的各类目标和教育过程中根据国家目标而编定的具体行为目标；从目标实现的进度来说，可以分为长远目标、中期目标、近期目标；

从目标的内容来说，可以分为理论认知目标、思想观念目标及行为实践目标等。在设定目标的时候一方面要考虑目标具有一定的超前性，是指引人们行为实践的航标，也要考虑目标的可实现性，也就是通过教育者与教育对象的共同努力是有可能完成的。教育目标只有具备了这两方面的性质才能够发挥它的作用和功能。

二是，准备教育内容环节。教育目标的实现主要是通过教育者以相应的教育内容去武装教育对象的过程实践。教育内容是教育目标实现的关键因素。在设定好教育目标之后，要依据教育目标准备相应的教育内容。准备教育内容包括在教材体系基础上的重新编排、设计与再创。这也是马克思主义理论从教材体系转化为教学体系的关键。在准备教育内容环节，需要把握两点：其一，要根据教育目标的实现及学生的需求，规划好教育内容的重难点，也就是说确定好哪些重点阐释、详细展开，哪些略讲，这样可以解决课时少、内容多的矛盾，也可以帮助大学生从整体上掌握马克思主义理论。其二，要将教材内容与当下的现实实际相结合，添加新鲜的教学素材。马克思主义理论是具有很强开放性和实践性的体系，要让大学生领悟它的时代魅力，需要教育者及时概括时代精神，用中国特色社会主义现代化的建设实践加以阐释。

三是，选择教育机制环节。教育机制是指教育的内在工作方式。在设定好教育目标，选择好相应的教育内容后，问题的关键是教育内容如何传递给教育对象（大学生）。这就涉及教育机制的选择问题。教育机制的选择包括确定谁去做、地点、时间、选择怎么的方式方法、怎么做等问题。具体表现为以何种教育形式对教育对象施加教育影响。大学生思想政治教育的教育机制主要有课堂理论教育、社会实践教育、环境熏陶教育及自我教育等方式。教育机制的选择中要注重以下原则。其一，教育机制的选择要以教育内容的完整、有效呈现为依据。也就是说教育机制的选择并非毫无根据，它要受教育内容的制约。教育内容决定相应的教育机制。对于理论性较强的内容，如“马克思主义基本原理概论”课程的教育内容，往往以专题式教学、研讨式教学形式为主；对于现实性较强的内容，如“毛泽东思想和中国特色社会主义理论体系概论”课程的教育内容，往往则可以组织学生参加基层社会实践形式展开教学。其二，教育机制在选择的时候要考虑可行性问题。教育机制是教育内容传递给教育对象的实践过程，它是怎么做的问题。在设计和选择方面，要考虑到实际操作性问题。只有具备了可操作性，才能够落实教育实践，才能够使教育过程顺利展开。

在教材体系转化为应然教学体系的环节中，不论是目标的确定、内容的设置，还是教育机制的选择，除了充分理解和把握马克思主义理论之外，更重要的是了解和把握大学生的思想状况、理论需求、认知接受心理等。因为，理论教育所要解决的是大学生的马克思主义理论素质与社会要求的应然状态之间的矛盾。只有对大学生的思想状况、理论需求、认知接受心理等有清楚地掌握，才能够有针对性地展开理论教育活动。孔子曰：“德行：颜渊、闵子骞、冉伯牛、仲弓。言语：宰我、子贡。政事：冉有、季路。文学：子游、子夏。”（《论语·先进》）孔子对于各弟子的因材施教得益于他对学生的了解。杜威更是直接指出：“如果对于个人的心理结构和活动缺乏深入的观察，教育的过程将会变成偶然性的、独断性的。”①因此，把握教育对象的马克思主义素质现状及需求状况等是整个理论教育活动进行的基础。在此环节中，教育者首先要运用观察、调查、访谈等手段方法收集教育对象的思想观念信息，再运用理性思维对获取的信息进行加工处理，获得大学生的思想观念的理性认识。

（二）承接环（主导环）：应然教学体系转化为实然教学体系的教育实施环节

教育者的教育实施环节是在教育准备的基础上将应然教学体系转化为实然教学体系的过程。该阶段解决的矛盾任务为大学生的马克思主义理论素质现状与理论教育目标之间的矛盾向大学生马克思主义理论素质现状与

① 华东师范大学教育系、杭州大学教育系：《现代西方资产阶级教育思想流派论著选》，人民教育出版社1980年版，第4页。

教育对象马克思主义理论素养的自我期待的矛盾转换。它是具体的思想政治教育链的主导环节。其主导性主要体现在三个方面：第一，它是教学体系由构思到实践的实现过程。教育准备环节是对教学体系实践中所涉及的目标、内容、机制等的预先设计，它是一种计划、一种构思、一种虚设。在这个环节则是把这种构思、设想、计划付诸实践，实现由理论形态向实践形态的转变。系统、有效的应然教学体系是教学实践取得成功的重要保障，但它只有转化为实然才能对大学生产生教育影响，它的价值才能够充分发挥。因为，只有将应然教学体系转化为实然教学体系，才能产生物质性、现实性的力量和作用，否则再完美无缺的应然教学体系或教学计划都没有任何价值。第二，它是引发教育对象（大学生）内化与外化实践的基础与准备。教育者内化教育内容继而外化为行为实践的前提是教育对象受到一定的教育影响，在思想观念上产生一定的变化，而这个过程是基于教育者的教育内容传递。教育者组织的教育活动，并传递的相关内容，是教育对象（大学生）进行教育内化和外化的基础和准备。第三，它是制约具体的思想政治教育链是否形成良性循环链条的关键。只有教育者有效地展开了教育活动，大学生顺利地实现了内化和外化实践，才能推动大学生新的理论需求的产生，从而推动下一轮的理论教育链的展开。

具体来说，应然教学体系转化为实然教学体系的教育实施环节又具体由四个子环节构成。

一是，创设教育情境环节。在教育实施环节，首要的是依据教育准备环节选择的教育机制，创设相应的教育情境。任何实践活动都是在一定的环境氛围下展开的，思想政治教育仍然离不开一定的环境影响。围绕主题的各种相关因素、条件聚集起来形成了某种环境氛围，这种环境氛围是个体理解、把握主题的基础。例如，在教育准备环节选择的教育机制是课堂专题式讲授形式，那么，这种教育机制形式就决定了教育的情境所涉及的要素是课堂、集体性、学理性、教师讲授为主等；而教育情境所涉及的则是开放性、自主性、参与性、体验性等。要让大学生进入思想政治教育学习的准备状态，就有必要围绕一定的教育目标创设相关的教育情境。不论是教育者有计划、有目的地组织的正式的课堂教育实践还是通过主题实践活动展开的思想政治教育抑或布置相关主题引导教育对象展开自我教育实践，都是教育者根据教育目标、教育内容选择和创设的教育情境。教育情境的设定决定着教育活动的正式开始，作为教育活动展开的载体，是否适合教育主题、符合教育对象的需要等因素制约着整个教育活动的氛围和效果。

二是，引起学习动机环节。动机是个体行动的内在动力和力量。可以说，人类的任何持久性行为，不仅依赖于知识、技能及行为习惯的支撑，而且关键在于动机的推动作用。大学生的学习实践既需要大学生具备相应的学习能力，也需要大学生具有强烈的学习动机。从某种程度上说，学习动机比学习能力更为关键。只有学生有了强烈的学习动机，才能推动学生参与教育实践活动。那么，在创设相应的教育情境之后，教育者要通过一定的方式方法激发大学生的学习动机。只有大学生具有学习的动机，才能够促进其积极主动地参与教育实践过程，才能够推动教育过程的其他环节的运行。马克思主义理论抽象性、理论性较强，对于大学生的直接生活的影响和作用并不明显。那么，就需要教育者结合大学生的生活实际及需求愿望，找到教育内容（马克思主义理论）与大学生的相关点所在，从而为教育的实施找到突破口、切入点。

三是，传递教育内容环节。在激发学生的学习动机、学习热情之后，要进入传递教育内容环节。传递教育内容环节，就是把教育准备阶段所设计的内容传递给教育者的行为，它是教育实施环节的中心任务。要注意的是，传递不仅是反映内容传的过程，而且也反应递的过程。传的过程强调一方向另一方传的动作，不反映对方是否接受。而递则还强调对方的接受性。那么传递教育内容的环节，则不仅要强调传，还要强调传的对象是否接受的问题。也就是说，要根据大学生的接受习惯进行内容传递，选择大学生易于接受的方式方法加以传递。如以大学生喜好的话语表达方式加以传递。教材中呈现的马克思主义理论在表达方面较专业化、学术化，理解起来往往晦涩、深奥。教育内容是直接指向大学生的，要让大学生能够很好地理解它、接受它，那么，在传递教育内容的过程中既要结合时代热点话题，吸纳新的理论术语，又要将原有表达以通俗易懂、生动形象的话语加以呈现。此外，还要注意内容传递量度、速度等问题。

四是，引导大学生内化教育内容环节。教育者创设教育情境、激发大学生的学习动机、传递教育内容，其目的都指向大学生将教育内化为其自身的知识结构和思想素质。那么，教育者在进行教育内容传递的过程中，不仅要从大学生的认知接受习惯出发进行内容传递，而且还需要加强对大学生内化教育内容的引导。也就是说，教育者在教育实施的过程中，尽可能地创设轻松愉悦的教育氛围、教育情境，但创设教育情境的目的是要让大学生通过氛围的感受获得理性认识。教育者在施教过程中，要注意引导大学生内化教育内容的时机，在适当的时候加以强调、点拨，帮助大学生更加有效地掌握教育内容。

教育实施环节目的在于将教育准备环节的应然教学体系转化为实然教学体系。要使这两个环节很好地衔接在一起，需要注意以下两个问题：其一，应然教学体系向实然教学体系转化的时间点原则上越快，有效性越高。应然的教学体系就是承接教材体系和实然教学体系的链接点，应然教学体系是实然教育体系中的教学内容、教育对象的特征、教学环境的预先设定，它越快转化为实然教学体系，它与实然教学体系之间的误差越小，针对性越强，越有利于指导实然教学体系。其二，应然教学体系向实然教学体系转化的过程中，要注意灵活性问题。应然的教学体系是教育者在充分考虑相关因素基础上做得较为客观、全面的教学体系预期计划。但它也要受教育者能力水平的限制，以及一些不可控制的因素的影响，往往应然的教学体系在落实的过程中会与实然状态存在偏差，有时偏差甚至还非常大。并且教育过程是教育者与教育对象（大学生）的互动过程，教育者在主导教学过程中，也会收到教育对象的反馈信息。要保持教学过程的顺畅、有效地运行，那么教育者要根据实际反馈信息和教育过程运行情况对应然的教学体系做出调整、修改。如果不顾客观实际情况，完全按照教学计划、应然教学体系执行教学过程，不仅不能达到理想的效果，反而会遭到大学生的排斥，使理论教育链无法正常运行下去。

（三）承接环（关键环）：实然教学体系转化为大学生思想认知体系的教育内化环节

内化是个体通过对外在事物、信息、知识等的学习、认知之后，将其转化为其自身认知结构体系的一部分的过程。① 教育对象的教育内化就是指教育对象在一定的教育情境中对教育对象传递的教育内容、教育信息的认知、理解、筛选并转化为自我思想意识结构的一部分的思维运作过程。它直接产生于教育者的教育实施活动，是对教育者教育实施活动的回应过程。教育对象的教育内化阶段解决的矛盾任务为大学生马克思主义理论素养现状与大学生马克思主义理论素养的自我期待之间的矛盾向大学生的理论认知与实践之间的矛盾转换。它是具体思想政治教育链中的关键环节。它在具体的思想政治教育链中的意义体现在两个方面：一方面，它是承上启下的环节。在此环节，大学生对教育者传递的信息进行接收、接受、内化，实现教育者要求的教育内容与教育对象现实的思想观念状况的矛盾向教育对象内部的教育内容与教育对象原有知识体系、价值观念的矛盾转变。它既承接了教育者的教育实施过程，又开启了教育对象实践外化的可能，因为只有教育对象把教育内容内化为自身的观念体系，才能指导教育对象相应的实践行为。另一方面，它直接影响着大学生实践外化的程度，也就直接制约着教育活动过程的效果及教育目标的实现状况。大学生是否把教育内容运用于实践以及运用的多少的关键，在于大学生信息吸收的多少以及思想观念的稳定性如何。

具体来说，实然教学体系转化为教育对象的教育内化环节又具体由以

① 夏征农主编：《辞海》，上海辞书出版社 1999 年版，第 525 页。

下几个子环节构成。

一是，进入接受状态环节。机械唯物主义认为，人认识事物是客体进入主体的视野，如德谟克里特的“影像说”、洛克的“白板说”以及狄德罗的“蜂蜡说”等。马克思主义关于主客体的关系学说则认为，人对外界事物的认识不只是人被动地对外界事物的反映过程，而是人有意识、有目的地主动认识客观事物的过程。因此，大学生要对教育者传递的教育内容进行内化实践，首先要进入一定的接受状态。也就是说，使大学生“形成积极的、良好的心理状态”，形成接受教育、提高自我的理论素养的精神需求和信任、尊重教育者的态度。① 这种接受状态的情况直接影响和制约着整个内化和外化过程。一旦教育者传递的教育内容、教育信息不符合大学生的需求，或者与大学生的期待相反，就会影响大学生的内化环节，甚至出现中断、终止状态。在此环节，大学生具有一定的信息接受的需要是前提，而教育情境氛围是否引起了大学生的注视，是否使其积极参与其中，教育者传递的内容、信息是否符合其期待等因素则是影响大学生进入接受状态的重要因素。

二是，接收教育信息环节。在进入一定的信息接收状态之后，大学生要以自己原有的知识经验、思维方式去理解、感知教育情境和教育者传递的教育信息，对外界传递的信息进行选择、纳入。具体来说，教育对象运用自己已有的知识储备和认知方式对教育情境和教育相关内容进行解读，主要包括教育者行为的意图、教育目标以及教育内容传递的信息。这是教学体系、教育内容进入大学生视野的最初状态。在获取一定的教育信息的基础上，大学生会根据自己的判断标准对教育信息进行选择判断，这种判断还是比较粗略的，基本是出自某个人喜好，是否满足其兴趣点等。如果教育内容是大学生感兴趣的，其就会给予更多的注意力和关注，那么进入其视野的信息就会增加，反之则减少甚至拒绝接收。

① 张耀灿、郑永廷：《现代思想政治教育学》，人民出版社2006年版，第349页。

三是，整合教育信息。任何进入大脑的信息要留下深刻的影响或者内化为个体的思想观念，都需要大脑对其进行整理、融合、筛选、吸收。整合教育信息的环节是把所接收的信息与自我原有认知结构融合，成为其精神宝库中的新成分。人的认知结构并非先天的，它是人诞生之日起，进入社会生活，开始有了交往后，受外在文化世界的影响，逐渐建立起的知识背景和认知方式，知识背景和认知方式的结合便成了个体的认知结构。当个体接收信息后，他会自觉地运用已有的认知结构对信息进行理解和辨识，吸纳或排斥，即整合。在整合教育信息的时候，通常会存在三种情况。当教育信息与大学生的原有认知结构相契合的时候，其会很愉快地、轻松地接受、吸收教育信息，从而丰富和完善他的相关知识储备。当教育信息与大学生的原有认知结构存在差异的时候，如果差异较小，那么其会根据自己已有的知识储备去吸纳它；如果差异较大，在未满足其需求的情况下，其或许不会顺利进行信息吸收。当教育信息与大学生原有认知结构产生冲突的时候，其或许会在教育者的有效性教育影响下改变自我原有知识结构，纳入新的知识体系，又或许坚持自我观点，对教育信息产生排斥。

四是，确立新认知体系环节。在经历信息接收以及新吸收的知识、价值观念等融入自己原有的认知结构后，会产生一个新的认知体系。思想政治教育的目的就是要解决大学生的马克思主义理论素质与社会要求的应然状态之间的矛盾，那么通过教育者的教育实施以及大学生的教育内容内化后，形成一定的认知结构体系则是教育过程的必然要求。要使教育内容对大学生产生深刻影响，就必须把教育内容、教育信息转化为大学生的认知结构、思想观念的重要组成部分。

实然的教学体系转化为大学生的思想素质体系环节在形式上具有隐蔽性，过程上具有复杂性等特征。从总体上，实然的教学体系转化为大学生的思想素质体系运动是大学生内部的思想矛盾运动过程。这种思想矛盾运动具有内隐性、间接性，难以观察、把握。从转化过程的速度和质量上看又具有复杂性特征。从时间上说，某个稳定思想观念的形成，可能瞬间即可完成，又或许几分钟、几小时、几天，又甚至需要几周或更长的时间。从质量上说，有些学生朝着教育目标预期的方向转化，有些则相反。这主要是由于该环节转化的效果既受教育者的外在教育影响的有效性的制约，也受大学生自身的思想认知素质的制约。教育者所提供的良好教育情境、运用恰当的方式传递与大学生的认知接受特点相吻合的教育内容对大学生接受信息、内化内容具有重要意义。但大学生要最终将外在的信息内化为自我的认知结构体系，关键在于其参与活动的主动性、积极性以及其原有的知识经验积累。而参与活动的主动性、积极性很大程度上也受其原有知识经验的积累制约，“已有知识经验如同种子的胚基一样，有了它，在外界条件的催化作用下，知识的种子才可能生长成‘株有用的树’”①。一般情况下，与教育内容相关的知识经验越丰富的学生接受教育信息、内化教育内容的主动性越强，程度也越深。因此，大学生在教育内化阶段由于自身的知识经验积累、认知结构存在差异性，往往导致内化的程度效果不一。

（四）尾环（目标环）：大学生的思想认知体系转化为行为规范体系的教育外化环节

大学生思想政治教育的最终目的是使大学生在实践中运用马克思主义的观点、方法，坚持马克思主义的立场，强调大学生将思想认知体系向行为规范体系转化。就大学生的思想认知体系与行为规范体系的关系来说，也需要促成二者之间的转化。一方面，通过行为实践，能够强化记忆理解。思想认知观念如果没有应用，往往会稍纵即逝，或随着时间而逐渐淡化，通过实践应用的过程，再次对其进行记忆理解，使其增强了体验性和直接性，有助于实现教育内容的再次内化。另一方面，思想认知转化为行为实践能够检验教育过程的效果。思想认知体系具有内隐性，难以观察、

---

① 柳海民：《教育过程论》，重庆出版社 1994 年版，第 253 页。

把握，它需要通过影响人的行为实践方式而表现出来。大学生能否将思想认知体系转化为行为规范体系以及转化的程度直接检验着教育过程的有效性。

外化是“从内部的、智力方面的动作向外部的、以运用实物的方式体现出来的动作的转化”①。教育外化环节指大学生在教育内容内化为自身的认知结构、思想观念体系之后，在教育者的引导下或自我自觉地将其转化为行为方式，并通过长期的、反复的实践，形成比较稳定的行为规范体系。该阶段环节解决的矛盾任务为大学生的马克思主义理论认知与实践之间的矛盾向大学生马克思主义理论素质现状与社会的应然要求之间的矛盾转换。它是具体的理论教育链的目标环。在整个思想政治教育链中，它的意义体现在两个方面：一方面，它是思想政治教育链的归宿和落脚点。任何一个链系统都有始端和尾端。大学生教育外化环节是思想政治教育链的尾端，它确保了该链系统的完整性。另一方面，它是新的思想政治教育链运动的开始。教育外化环节并非思想政治教育链的终结，它只是一次具体的思想政治教育链运动的归宿，同时又是新一轮具体的思想政治教育链运动的开始，而且是更高层次的开始。随着大学生对于马克思主义理论新的需求的产生，新一轮的思想政治教育链运动又顺势展开，但基于上一阶段的教育活动的作用，此次理论教育链运动是更高层次的。

具体来说，大学生的思想认知体系转化为行为规范体系的教育外化环节又具体由以下几个子环节构成。

一是，大学生马克思主义理论情感与信仰的培养环节。把思想认知体系转化为行为规范体系，需要经过情感的催化和信仰的推动。那么，培养大学生对马克思主义理论鲜明的认同情感，对于促进其将思想认知体系转化为行为规范体系具有重要的作用。在大学生将思想认知体系转化为行为规范体系的过程中，信仰信念是一个重要的驱动因素。但只有当认识和情

---

① 鲁洁：《德育新论》，江苏教育出版社 2002 年版，第 358 页。

感有机地结合时，信仰信念才会产生。信仰信念是驱动大学生产生相应的实践行为的重要因素和力量。因此，一方面，教育者要通过有理有据的理论讲授使大学生掌握马克思主义理论，另一方面，还需要创造实践体验平台丰富大学生的情感经验，以促使大学生形成坚定的马克思主义信仰信念。

二是，适时提出行动要求，促使大学生产生行动动机环节。在思想政治教育中，教育者应该在适当的时候向大学生提出明确的行动要求。行动要求既要适当地高于大学生目前的行为能力，又要切实可行。行动要求过高过低都难以使大学生接受和理解。行动要求还需要与大学生的需要相协调，只有这样才能激发他们行动的动机。正如马克思曾指出，“人们奋斗所争取的一切，都同他们的利益有关”①。而要切实使马克思主义理论认知转化为大学生行动方式的动机，还需要引导大学生通过实践获得正面的经验和积极的体验。从大的环境上说，要大力发展经济，优化政治、文化、生态等环境，展现社会主义的优越性。只有让大学生深切地体验到马克思主义理论的科学性、现实性，才能够激发大学生的行为动机。

三是，为大学生的行为实践创造平台和渠道环节。在引导大学生运用马克思主义理论的时候，要尽可能地为其创造相应的平台和渠道。有了动机还不够，必须有动机实现的条件，才能够推动其产生行为实践。教育者可以组织各种竞选活动，使大学生能够有更多的参政议政的机会，可以组织大学生进基层、下农村进行实践体验活动，让其运用自身所掌握的马克思主义理论知识指导自己的社会实践等。

四是，经过长期训练养成习惯环节。马克思主义理论的运用实践并非是一次性的，而是贯穿人们生活的持续性、长久性、发展性实践。那么就要通过反复的社会实践，养成习惯性实践，只有养成习惯，思想观念才能够稳固下来，成为人一生的行为准则。

---

① 《马克思恩格斯全集》第1卷，人民出版社1956年版，第82页。

二、思想政治教育链的宏观形态

思想政治教育链的宏观形态结构分析是对大学生整个大学阶段的思想政治教育总过程中的各阶段、各环节之间相互衔接、相互促进关系进行研究。由于大学生认知接受能力及对理论需要的自觉性发展程度等在大学生涯中表现出阶段性特征，因此相应地存在着各阶段的理论教育实践，而各阶段理论教育实践之间并非孤立、相互排斥的关系，它们之间是相互衔接、相互承接的，这种相互衔接、承接的关系也就构成了宏观思想政治教育链系统。如有学者提出，在大学生大学阶段的思想政治教育中贯穿“感恩教育—访贫教育—诚信教育—责任心教育”的主链，也就是依据大学生大学四年各个阶段的特征，依次施加“感恩教育”“访贫教育”“诚信教育”“责任心教育”为主题的思想政治教育影响，并强调“各个环节融会贯通、互相促进、由浅入深，必须严格遵守教育规律”①。另一学者提出，大学生大学阶段的思想政治教育中贯穿“安全感培育—素质拓展—价值提升—自我实现”具有梯链式的主链。② 本研究依据大学生大学各阶段理论教育的矛盾特殊性将大学生整个大学阶段的思想政治教育总过程具体划分为低年级的理论普及为主的教育、中年级的理论素质培养为主的教育及高年级的行为引导和规范为主的教育等三个相互衔接、相互承接的阶段过程。从宏观形态上说，思想政治教育链就是由此三个阶段过程的相互衔接、相互承接构成的链式结构系统。对思想政治教育链的宏观形态的结构分析也就是要分析此三个阶段或三个环节的组成及其之间的相互衔接的关联关系。

（一）始环（基础环）：低年级的理论普及为主的教育

所谓大学生的低年级的理论普及为主的教育是指，在大学生踏入大学

---

① 陈永福：《开展链式教育加强大学生思想政治教育的探讨》，载《湖南财经高等专科学校学报》，2008 年第 5 期。

② 陈婉婷、谢晓默：《梯链式教育与大学生思想政治教育模式新探索》，载《吉林省教育学院学报（学科版）》，2011 年第 8 期。

校门的适应期，通常是大一年级阶段，对大学生施加的马克思主义理论的相关基础性、常识性、准备性知识的教育影响，旨在培养其马克思主义理论学习兴趣。在低年级对大学生施加基础性思想政治教育的依据主要是：一是，基于大学生的理论认知接受能力及理论需要水平。大学阶段是青年世界观、人生观、价值观形成的关键时期，该阶段青年大学生具有较大的可塑性。大学生在刚刚踏入大学校门的时候，面对学习和生活的巨大改变，往往在心理、思想各方面都表现出迷茫状态，需要人生方向的指引、向导。但该阶段大学生的认知思辨能力往往还很薄弱，要系统掌握具有一定理论深度的马克思主义理论体系还非常具有挑战性。二是，主流意识形态抢占话语权的需要。在多种社会思潮交织、多元价值观念碰撞的时代境遇下，该阶段大学生的思想、观念容易受到外在环境的影响，要巩固意识形态领域内马克思主义的主导性地位，有必要开展马克思主义理论的普及性教育以抢占话语权。三是，思想政治教育要遵循教育时序性规律。也就是说，思想政治教育要依据大学生的认知接受能力，由易到难，从简到繁，循序渐进地展开。遵循教育由简单到复杂、循序渐进的规律，该阶段不论是学校还是家庭抑或社会的理论教育都要以对大学生开展基础性的思想政治教育为主。低年级的理论普及为主的教育环节在宏观思想政治教育链系统中属于始环，它一方面对大学生进行马克思主义理论学习的引领教育，一方面又为下一阶段的以马克思主义理论素质为主的教育打好基础。

对作为思想政治教育的主渠道的思想政治理论课来说，该阶段环节主要开设“思想道德修养与法律基础”（下文简称“基础”）及“中国近代史纲要”（下文简称“纲要”）两门课程。“基础”课程的思想政治教育任务在于用马克思主义的立场、观点、方法分析和阐释大学生成长过程中所面临的和关心的现实问题，以促进其形成正确的人生观、价值观、道德观、法治观，为下一阶段的马克思主义理论系统学习奠定坚实的情感基础。“纲要”课程的思想政治教育目标、任务则是通过中国近现代历史的讲授，使大学生了解中国之所以能够在近代被压迫、被侵略的历史境遇中获得民族解放，建立新中国，又能在百废待兴中取得飞跃发展，成就了今天的中国，是因为中国选择了马克思主义这个科学理论作为思想指导，建立了一支代表人们根本利益的政党即中国共产党，选择了符合最广大人民意愿的道路即社会主义道路，坚定其下一阶段进行马克思主义理论系统学习的信念。对于学校的其他哲学社会科学课程来说，在该阶段也主要是对大学生进行马克思主义基础性、常识性理论为主的教育，以配合好思想政治教育主渠道课程教育工作；校园其他教育组织等都要依据大一年级学生的身心发展规律进行相适宜的思想政治教育。社会教育主体及家庭教育主体等在该阶段也要对大学生进行马克思主义理论的引领教育。

（二）承接环（关键环）：中年级的理论素质培养为主的教育

所谓大学生中年级的理论素质培养为主的教育是指，在大学生渐渐适应大学生活、学习环境后的大二、大三阶段，对大学生施加系统性、专业性、全面性的思想政治教育影响，使其形成良好的马克思主义理论素质。在中年级进行理论素质培养为主的理论教育的依据在于以下几个方面：一是，大学生具备相应的理论认知能力以及其理论需要自觉性的提高。该阶段大学生的认知接受能力和理论需要较上一个阶段又有了突破性的发展。在认知接受能力方面，大学生的理性思维得到了较大发展，能够对于抽象的理论进行一定的认知、推导，具备掌握较为抽象的概念、公式、法则、原理的认知思辨能力，并且其已不再满足事物现象的罗列和描述，更渴望掌握事物现象发展演化的本质与规律。那么，这就为大学生系统地、专业地、全面地掌握马克思主义理论奠定了认知能力水平基础。在理论需要的自觉性方面，随着大学生独立自主意识、主体意识的增强，他们参与社会化、加入社会实践的需要会愈加强烈，这就产生了强烈的理论需要，此外，处于复杂的环境中，多种思潮的影响，使大学生思想上存在迷茫，需要正确理论的指导。二是，大学生承担的历史使命要求其掌握系统的马克思主义理论体系。只有具备了系统的、坚实的马克思主义理论，才能在其社会实践中践行马克思主义，在遇到各种困难的时候，才能够运用马克思主义理论去克服、化解它。因此，该阶段不论是学校、家庭还是社会都要加强对大学生进行系统的马克思主义理论体系教育，使大学生掌握系统性、理论性、全面性的马克思主义理论知识。该环节在宏观思想政治教育链系统中是关键环节，具有承上启下的作用。一方面，该环节是上一环节的深度发展。大学生在低年级所接受的马克思主义理论的普及为主的教育目的在于为该阶段的系统理论学习奠定知识基础和情感准备，该阶段的系统理论教育在内容上的“量”和深度上的“深”都相较于上一环节具有较大的提升，但又是依赖于上一环节的准备，与上一环节紧密相连、一脉相承。另一方面，该环节并非终结，它为下一阶段环节的行为引导与规范为主的理论教育环节做好理论基础准备。

从学校的思想政治教育课程安排上来说，在该阶段主要开设“马克思主义基本原理概论”（下文简称“原理”）和“毛泽东思想和中国特色社会主义理论体系概论”（下文简称“概论”）两门课程。“原理”课程以辩证唯物主义和历史唯物主义为基础，从本体论、认识论、历史观和实践论辩证统一的角度上揭示马克思主义的世界观、方法论、人类社会历史发展规律；正确审视资本主义社会及其历史地位和发展趋势，以及客观分析社会主义、共产主义社会的历史必然性与实现要求。该门课程的开设目的在于使大学生掌握马克思主义的基本原理知识，树立科学的世界观、方法论。它也能够为后一阶段“概论”课程的学习奠定情感基础和做好基本的理论知识准备。“概论”课程以中国化马克思主义的形成发展历史进程为主线，从理论与实践、历史与逻辑的统一基础上揭示马克思主义中国化理论的形成发展轨迹，准确阐述马克思主义中国化的理论成果，聚焦于毛泽东思想、邓小平理论、“三个代表”重要思想以及科学发展观的科学含义、形成发展过程、科学体系、历史地位、指导意义以及中国特色社会主义建设的路线方针政策等理论的阐释。通过该课程的学习能够帮助大学生弄清楚马克思主义中国化的“为什么”“是什么”“怎么办”等问题，坚定大学生在党的领导下走中国特色社会主义道路的信念。总的来说，在该阶段就是要通过“原理”和“概论”等相关马克思主义理论核心课程的学习，帮助大学生系统地、完整地掌握马克思主义理论，从而培养大学生良好的马克思主义理论素质，使其从对马克思主义理论的理论认知到情感认同转变。

（三）尾环（目标环）：高年级的行为引导与规范为主的教育

所谓大学生高年级的马克思主义的行为引导和规范为主的教育是指，在大学生毕业实习或毕业设计阶段，通常是大三年级下学期到大四年级阶段，要引导大学生进行马克思主义理论的知行转化，使大学生在实践中自觉坚持马克思主义立场，运用马克思主义理论的教育实践。该阶段的理论教育是上一环节系统性、全面性的理论教育的旨归，也是整个理论教育链的目标环。因为大学生接受理论教育的目标就在于掌握系统理论的基础上，培养理论认同情感及树立马克思主义信仰，从而在实践中能够自觉运用和坚持马克思主义。该阶段大学生已经具备了系统的马克思主义理论体系，已经形成了相对成熟、完整、稳定的世界观、价值观、人生观，同时，在该阶段具备参与社会实践的机会和平台——实习单位，那么该阶段的理论教育实践主要是努力引导和推动大学生在社会实践中去践行马克思主义理论。在该阶段，学校、社会、家庭等思想政治教育主体要尽量为大学生创造实践机会和平台，让大学生在社会实践中运用马克思主义理论，实现知行转化，同时要引导大学生将马克思主义理论实践转化为习惯并长期坚持。在该阶段，自我的理论教育发挥着巨大的作用。在大学生具备了稳定的世界观、人生观、价值观时候，理论教育不仅仅是被动的、他律的，而是主动的、自觉的教育实践。大学生应该自觉展开思想政治教育学习，既要对马克思主义理论进行重温与反刍，也要对经典理论进行发掘和开拓，还要对新的历史条件发展了的马克思主义理论加以学习，同时自觉在实践中坚持和运用马克思主义理论。

值得注意的是，该阶段的思想政治教育并非是终结之环。从目标上说，该阶段大学生通过完整、系统的思想政治教育，已经形成了自我独立的世界观、人生观、世界观，并能够在社会实践中践行之，似乎大学生的理论教育就达到了顶点。但就大学生总的思想政治教育链来说，思想政治教育并非止于该阶段，而且贯穿人的一生。因此，要打破思想政治教育的终结性观念，明确该阶段环节是大学生大学阶段思想政治教育总链的尾环，但它又为后续工作实践阶段的理论教育实践奠定了理论基础，承接着理论教育人生过程总链条的下一阶段链的首环。

通过上述分析，对思想政治教育链的形态构成有了较为全面的认识。但仍然有几点需要说明：一是，本研究把思想政治教育链的微观形态结构及宏观形态结构分别划分为几个基本环节加以研究，并非否认其是一个动态、连续的统一体，具有不可分割性。但是，为了更深刻、更全面地对整体展开研究，本研究不得不将其分割，而对其内涵的具体的环节展开研究。这正如同列宁在阐释如何描述、表达、测量运动时候指出的，只有把鲜活的、运动的事物简陋化，把本来是不能够间断的事物间断化，才能够对其加以认识。① 二是，本研究所划分的几个基本环节，并不等于说考察思想政治教育链的基本环节，只能是这几个基本环节，按照不同的标准，也可以划分为不同的环节。实际上，在每个环节下面又可以划分出无数个次环节。但在本研究中，重点考察的是这几个基本环节。三是，思想政治教育链的微观形态结构及宏观形态结构实际运行过程并不是简单的表现为其基本环节或次链的依次展开，而是相互交织、重合的过程。本研究对于一些细节的忽略或予以模型化、理想化纯粹是出于研究的考虑。正如皮亚杰指出，只是为了研究的方便才不得不把儿童道德发展划分为具体的阶段过程加以详细研究，但根本上、事实上，这些被分割、分离的阶段仍然是相互联系的连续体，“此外，这个连续体也不是呈直线性质的，而且只有通过把它的内容系统地加以整理并忽视其十分复杂具体的小差别，才可能

① 《列宁专题文集 论辩证唯物主义和历史唯物主义》，人民出版社 2009 年版，第 143 页。

观察到这个发展过程的总趋势”①。

第三节　思想政治教育链的层级结构

思想政治教育链反映的是大学生思想政治教育中的各阶段、各环节或各种活动的环环相扣的关联关系。从具体的层面来看，它体现为各种活动之间相互衔接、相互促进的关联关系，从较高的层面来看，它体现的是各种活动作用对象，即思想政治教育内容的各种形态的转化过程的关联关系，从更深层次的角度看，体现的是在大学生思想政治教育总目标下，各种活动的分目标依次实现的过程的关联关系。因此，思想政治教育链内在地具有层级结构。

一、思想政治教育链的活动层

思想政治教育链是由其链节相互链接构成的链式结构系统。链节反映的是大学生思想政治教育的各阶段。各阶段又具体由各种活动构成。从直观的层面看，思想政治教育链首先反映的是思想政治教育中各阶段的各种活动之间的相互衔接、相互促进的关联关系。如微观层面，思想政治教育链是由教育准备、实施、内化、外化等各种活动相互衔接、相互促进构成的链式系统；宏观层面，思想政治教育链是由低年级的理论普及为主的教育活动、中年级的理论素质培养为主的教育活动及高年级的行为规范引导为主的教育活动等相互衔接、相互促进构成的链式系统。

大学生思想政治教育内涵的各种子活动的结构关系形成链的基础在于遵循思想政治教育的客观规律。大学生思想政治教育是以马克思主义理论武装大学生，使其掌握马克思主义理论，形成马克思主义信仰和在实践中

① 傅统先、张文郁：《教育哲学》，山东教育出版社 1986 年版，第 161 页。

践行和运用马克思主义的实践活动。从过程上说，它主要包含着两大环节：马克思主义理论武装大学生的从外到内环节、大学生掌握马克思主义理论到运用马克思主义理论的从内到外环节。而每个环节都具体由相应的实践活动来完成。从大学生思想政治教育实践活动展开过程看，它是由多个具有不同分工的子活动构成。而这些子活动的组成及相互协作关系是否遵循思想政治教育的客观规律，关系着思想政治教育链的形成。大学生思想政治教育内涵的各种子活动以及其相互之间结成的关系如果未遵循客观规律，容易使整体教育实践缺少某些环节活动，也容易使各环节活动之间的链接出现错乱，导致无法形成教育链。只有在遵循客观规律基础上建立各种活动，才能够形成相互衔接、相互促进的关系。而这种相互衔接、相互促进的关系就是链系统的形成。

思想政治教育链的巩固依赖于各子活动之间的衔接程度。大学生思想政治教育实践活动内涵的各种子活动是基于在实现大学生思想政治教育目标实践中的功能分工而存在。通过它们不同的分工活动以及之间的相互协作共同推动大学生思想政治教育目标的实现。它们在功能上具有互补关系，在时间上具有先后关系，这种输入与输出的时间次第关系紧密地使各子活动衔接起来。在一定程度上，各种子活动的分工越细，之间的相互衔接关系就越紧密，越容易形成链，也越容易巩固链结构。

二、思想政治教育链的内容层

思想政治教育链是由大学生思想政治教育中各阶段的各个活动所作用的对象，即教育内容的不同形态间转化所构成的链式结构系统。大学生思想政治教育是要实现社会要求的马克思主义理论素质向大学生的思想行为素质转化，需要通过对原始状态的马克思主义理论进行加工、转码、转换等多种工序作业，最后才能够转化为符合大学生认知接受心理的马克思主义理论形态。而这个过程内含许多子环节，各个子环节的加工工作具体由各子环节的活动承担。马克思主义理论也成为各子活动的作用对象。正是通过每个子活动对马克思主义理论不同程度、性质的加工以及相互衔接，也即上一环节活动对内容的加工处理是下一环节活动开始的基础，而下一环节活动又是在上一环节基础上更深层次的加工处理，实现着社会要求的马克思主义理论素质的原始状态一步一步向大学生的思想行为素质形态转化。不仅各种活动体现为环环相扣的链式关系，就各种活动所作用的对象看，也体现出相互衔接、环环相扣的链式关系。如从微观的思想政治教育链看，它的内部是从教材体系转变为教学体系，从教学内容转变为大学生的认知评价体系，从大学生的认知评价体系转变为实践行为方式的内容链式关系；从宏观的思想政治教育链看，它是从基础性理论到系统性理论再到理论的运用与实践形式的内容转化链。

实质上，思想政治教育链是以马克思主义理论为作用对象且具有不同分工的活动的集合，因此马克思主义理论成为各种不同分工活动之间相互链接的纽带。马克思主义理论不同形态转化构成的的链系统与各种分工活动相互协作构成的链系统具有内在一致性。此外，从不同形态的马克思主义理论之间转化的程度、流畅度，可以直接考察各活动之间的衔接程度。也就是说，思想政治教育链的内容层的衔接关系是活动层衔接关系的反映，也是活动层衔接关系的效果检验的依据。通常是通过考察内容层衔接关系进而对活动层做出相应的调整，确保各子活动之间相互衔接、相互促进。思想政治教育链的内容层与活动层是同一结构的不同层级关系。

三、思想政治教育链的目标层

思想政治教育链反应的是大学生思想政治教育总目标实现过程中的各个分目标依次实现的链式结构关系。大学生思想政治教育目标是思想政治教育链的链源，是其形成与运动的依据与动力。正是基于大学生思想政治教育目标的存在，才产生了相应的思想政治教育链。也就是说，思想政治教育链的活动层、内容层都是依据教育目标而形成与运行。思想政治教育链的活动层、内容层是链式结构关系，那么决定其形成与运行的目标层，自然也呈链式结构关系。正是由于思想政治教育链的目标层的相互衔接的链式关系决定着活动层与内容层的链式结构关系。大学生思想政治教育目标的实现是一个从预设到实践运动后达到的效果的过程，也就是大学生预期要形成的马克思主义素质到通过教育实践形成的现实性的马克思主义素质的过程，这个过程不能瞬间实现，它必须通过多个分目标的依次实现得以完成。而各个分目标依次实现的关联关系是，各个分目标是对总目标的部分实现，前一目标的实现又是后一目标实现的前提和准备，后一目标是在前一目标的基础上的更高层次目标的实现。因此，各分目标之间的依次实现反映着链式结构关系。各个分目标对应着马克思主义理论形态转化，各马克思主义理论形态转化又对应着各相应的活动。那么，大学生思想政治教育的目标层的链式关系决定着内容层的链式关系，内容层的链式关系直接决定着活动层的链式关系。也就是说，思想政治教育链内涵目标层决定内容层，内容层决定活动层的层级结构关系，如图 4-1 所示。

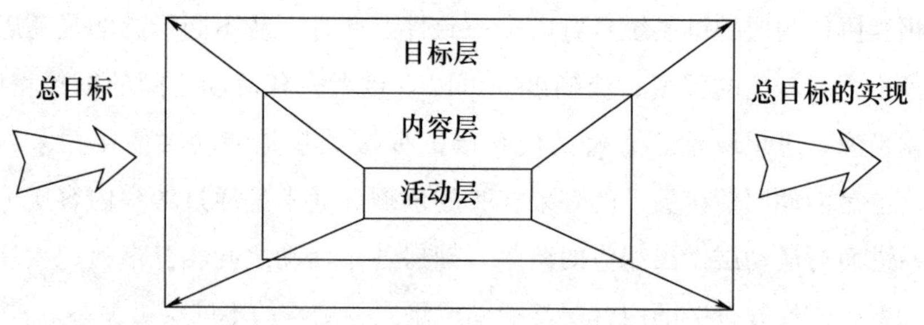

注：层级维（由具体到抽象）

图 4-1　思想政治教育链层级结构图

小　结

本章在把握思想政治教育链内涵基础上，对思想政治教育链的内在结构、形态结构及层级结构展开了深入研究。厘清了思想政治教育链内在结构的链源、链节、链接、链形各要素及相互关系；明晰了处于具象形态的思想政治教育链的宏观结构与微观结构；明确了思想政治教育链层级结构中的活动层、内容层与目标层的所指与相互关系。

第五章

思想政治教育链的形成机理

对思想政治教育链的概念、特征、功能及结构展开分析之后，我们回答了思想政治教育链是什么的问题。但理论研究不仅要回答是什么的问题，还要回答为什么的问题，也就是要知其然，也要知其所以然。那么，就是要探究其何以形成、如何形成的问题。思想政治教育链是在客观依据与主观动因两者都具备的基础上，依据一定的路径得以形成的。

第一节 思想政治教育链形成的客观依据

列宁认为，规律是现象中持久的（保存的）的东西，是现象的静止的反映。① 规律是事物内部的一种稳定的联系。实践要想取得成功，前提就必须遵循客观规律。正如黑格尔强调，"谁要在这现实世界中行动，他就得服从现实世界的规律，并承认客观性的法"②。思想政治教育链要形成，不论是内部环节的组成还是环节与环节之间的链接关系建立都必须以遵循客观规律为前提，否则不能成其为链。

① 《列宁全集》第 55 卷，人民出版社 1990 年版，第 126—127 页。
② ［德］黑格尔：《法哲学原理》，范扬、张企泰译，商务印书馆 1961 年版，第 134 页。

一、思想政治教育逻辑符合大学生接受心理序列

所谓思想政治教育逻辑符合大学生接受心理序列是指，在思想政治教育中，先教什么，后教什么，怎么教等问题要以大学生的接受心理规律为基础，要符合大学生的认知接受心理顺序。这是由三方面原因规定。

首先，大学生思想政治教育是教育者施教过程与大学生受教过程的统一体。在该教育实践中，教育者依据教育目标，设计教育内容、选择教育机制以对大学生施加思想政治教育影响。就教育者的地位来说，不论是其作为统治阶级主流意识教育的代表者，还是作为具体活动的设计者、组织者、实施者，其都具有主导性地位。但就思想政治教育的性质来说，它是属于思想观念形态的教育。而人的思想观念的形成过程并非外界直接刺激而成，它是一个外界刺激与个体心理活动的矛盾运动过程。正如恩格斯指出的，“就个别人说，他的行动的一切动力，都一定要通过他的头脑，一定要转变为他的愿望的动机，才能使他行动起来”①。那么，大学生思想政治教育实际上既是教育者依据教育目标，有组织、有计划地向大学生施加教育影响的活动过程，又是大学生在教育者的教育影响下，自我发展的需要、原有的知识、评价系统与外在社会应然要求之间的矛盾运动过程，也就是说，其是教育者的施教过程与大学生的受教过程一体化过程。

其次，在大学生受教过程中，其心理矛盾运动体现出特定的规律性，这种规律称为心理规律。“心理规律是人们的心理现象和心理过程以及个体心理中的本质的、必然的、稳定的联系及表现出的确定不移的发展趋势。”② 这种接受心理规律表现为过程运动就体现为接受心理序列。具体来说，大学生的接受心理序列具有以下三个方面的特征。一是，大学生的认知接受行为是阶段性与连续性相统一的过程。在教育者的马克思主义理论教导影响下，受教育者要将该影响转化为自我的认知结构、评价体系，它

---

① 《马克思恩格斯全集》第 21 卷，人民出版社 1965 年版，第 345 页。

② 胡凯：《现代思想政治教育心理研究》，湖南人民出版社 2009 年版，第 48 页。

是一个自我心理原有认知结构、评价体系与外界刺激之间博弈的运动过程，具体表现为一个由知、情、意、信、行等各阶段构成的连续性过程。二是，大学生的认知接受过程的各阶段是有序性与递进性的统一。这种有序性，体现在受教育者认知接受过程的各个阶段之间表现出顺序性特征，体现为上一阶段的完成是下一阶段的开始，上下阶段之间是一环节承接一环节有序地展开。正如上述，大学生马克思主义理论素质的养成通常情况下遵循知、情、意、信、行等几个有序的阶段。各阶段间除了有序性，在程度上还是渐进性、递进性关系。大学生的马克思主义理论学习，往往是从感知到理解再到认同到运用的过程。也就是说，大学生的认知接受过程往往是一个从低级到高级、从简单到复杂不断变化、不断加深的过程。正如瑞士教育家裴斯泰洛奇指出，“最复杂的感觉印象是建立在简单要素的基础上的”①。三是，大学生的认知接受行为具有反复性与持续性的特征。思想具有复杂性、易变性特征。那么，大学生在接受思想政治教育中形成的相关思想观念并非绝对地稳定牢固，在各种思潮涌现、价值多元化的复杂环境下，更容易受到冲击、抵消，这要求反复地对大学生施加思想政治教育影响。同时，这个过程还具有持续、持久性。要通过持续、持久的理论教育实践使大学生形成稳固的理论认知及行为规范。

最后，教育者的施教过程要遵循大学生的这种接受心理序列而展开。第一，思想政治教育的产生与归宿都指向大学生。大学生的马克思主义素质现状与社会的应然要求之间的矛盾是理论教育活动产生和发展的根据。如果忽视大学生自身的心理发展状况，思想政治教育就会缺乏针对性、实效性。第二，思想政治教育接受的难度，要求教育者的施教活动遵循大学生的心理序列。从传播接受学的视角看，精神客体的接受实践具体由两类构成，即对科学知识的接受与对价值观念的接受。相较而言，价值观念的认知接受难度要比科学知识的认知接受难度高。在思想政治教育中，大学

① 任钟印：《西方近代教育论著选》，人民教育出版社 2001 年版，第 248 页。

生不仅要对马克思主义科学理论进行接受，还要对其所反映的整套价值观加以内化、外化。这使得相较于其他科学知识的教育学习，难度更大。此外，思想政治教育内容的直接利益不明显，在市场经济环境中功利主义倾向的影响下，大学生往往以所认知的对象给自己带来的直接利益作为衡量，这也会增加其对马克思主义理论接受的难度。因此，在教育的过程中，教育者的施教行为必须从大学生的接受心理序列出发。第三，大学生的主体性，要求教育者的施教行为要适应其接受心理序列。大学生在教育过程中不是被动地去接受教育者所传递的教育内容、价值观念，它具有主体性特征。具体表现为，大学生在接受教育时对来自教育者及其外界的信息，不是任意地盲从接受，而是选择那些符合需要、自以为最有意义的内容，来进行过滤和优化组合。因此，教育者要想取得良好的教育效果，就需要遵循大学生接受心理序列。只有遵循大学生的接受心理序列的施教活动，才能推动其将教育内容内化为自身的认知结构，再外化为行为规范。

大学生学习过程具有一定的心理规律，表现出特定的接受心理序列。教育者的思想政治教育要遵循这种接受心理序列加以展开，这说明大学生思想政治教育是分阶段、具有时序的，也就强调大学生思想政治教育由多阶段、多环节构成，且各环节之间相互衔接。这也决定了大学生思想政治教育逻辑具有链式结构关系。

二、思想政治教育逻辑符合理论本体的逻辑序列

理论本体在此指马克思主义理论本身。所谓思想政治教育逻辑符合理论本体的逻辑序列是指，在理论教育过程中，先教什么，后教什么，怎么教等问题要遵循马克思主义理论内在的逻辑顺序。这是因为教育顺序、次序等也要遵循教育内容的内在逻辑顺序。明代教育家王夫之在解释《学记》中的“时”的含义的时候就认为，教育教学过程具有内在的顺序、次序性。而这个顺序与次序，一方面是由学习者的学习规律所规定，另一方面，则是由“事理之序”，也就是教育教学的内容的逻辑序列所规定。他

还把教学内容的内在条理顺序划分为五类，并以此为基础将教学过程分为五个步骤，即依次教授粗小之事→精大之事→粗小之理→精大之理→大小精粗理之合一。实质上，教育过程的顺序既取决于教育对象的接受心理序列规律，又基于教育内容的内在逻辑顺序。而教育实践是教育者通过向教育对象传递教育内容使其获得提升，因此，教育逻辑符合教育内容的内在逻辑从根本上是由教育对象的接受心理序列规律所要求的。那么，思想政治教育逻辑符合理论本体的逻辑序列，既取决于教育者的施教过程遵循大学生的接受心理序列的规定，也取决于马克思主义理论本身内部具有逻辑结构的规定。在遵循大学生接受心理序列基础上，教育者的施教活动，要依据大学生的认知接受规律设计教育教学内容，施加有序的教育影响。而教育者能够依据大学生的接受心理序列有序地施加相应的教育影响，也在于马克思主义理论内部具有内在逻辑结构顺序。

一方面，马克思主义理论的层次性制约着教育逻辑的顺序性。马克思主义理论体系是统一整体，内部也具有层次性特征。从思想政治教育内容的层次上说，包括基本层次的基础性内容即马克思主义的创立史、发展史等内容，核心层次的主导性内容即马克思主义基本原理与中国化马克思主义理论与辅助层次的拓展性内容即包括各种社会思潮、主义等内容三个部分构成。马克思主义理论体系内在具有的基本、核心、辅助的层次划分规定着教育内容安排具有先后顺序。另一方面，马克思主义理论与其他科学知识教育的协调性发展制约着教育逻辑的顺序性。大学生的马克思主义理论学习与其他哲学社会科学及专业课的学习之间是辩证统一的关系。马克思主义理论是指导性科学，对其他科学的学习具有重要的指导性作用。而大学生其他科学的学习在提升大学生自身的专业能力的时候，也会提高大学生的思维认知能力、水平。这又有利于提高学生的理论教育学习能力。可以说，大学生大学各阶段的理论教育实践中内容的安排都是与其他学科知识学习息息相关的。

以马克思主义理论内容顺序展开思想政治教育，可以使学生由简到繁、由浅入深地掌握马克思主义理论，从而在最短的时间，最有效地认识复杂的客观世界。否则，即使耗费了时间和精力也难以掌握客观世界的基本规律。这就要求思想政治教育逻辑与马克思主义理论的逻辑序列相符合，也就强调教育者要依据教育内容的构成逐渐展开有序的、有步骤的、分阶段的思想政治教育。那么，整个教育过程就体现为由若干阶段相互衔接构成的统一体。这也是思想政治教育链形成的客观依据之一。

三、思想政治教育逻辑要与历史逻辑相一致

所谓历史逻辑，指的是历史演进的过程及发展所应遵循的规律性，也就是历史演进的客观实际。思想政治教育逻辑要与历史逻辑相一致就是指在理论教育过程中，先教什么，后教什么，怎么教等问题要符合历史演进的客观实际。具体来说，它是由以下两方面规定的。

一是，历史演进的客观实际使思想政治教育登上历史舞台，其运演又推动历史车轮向前驶进。马克思曾指出："任何一个时代的统治思想始终都不过是统治阶级的思想。"① 任何意识形态的教育也无非是对该社会物质基础的反映。"生产关系的总和构成社会的经济结构，即有法律的和政治的上层建筑竖立其上并有一定的社会意识形式与之相适应的现实基础。"②也就是说，历史逻辑决定着理论教育逻辑，有什么样的生产关系、经济基础就有什么样的理论教育。思想政治教育则是由中国的历史发展进程所决定，是中国共产党诞生尤其是成为执政党后的指导思想教育。另一方面，主流意识形态教育反过来又会为社会历史发展服务，推动历史进程。对于由中国共产党领导和执政的中国来说，思想政治教育能够让大众掌握科学的、革命的理论，并在理论的指导下进行社会革命、建设实践。正是由于思想政治教育实践的深入，使马克思主义理论逐渐大众化，使中国不仅取得了社会革命的胜利，同时在社会建设尤其是现代化建设中也取得了较大成就。

---

① 《马克思恩格斯选集》第1卷，人民出版社1995年版，第292页。

② 《马克思恩格斯选集》第2卷，人民出版社1995年版，第52页。

二是，历史演进的客观实际决定马克思主义理论“何是”，那么，教授该理论的实践也就必须与历史演进的客观实际相一致。历史演进的客观实际产生了马克思主义理论，该理论也是对客观历史实际的理性表达。历史的演进，反映到理论上自然也会做出相应改变。这也是马克思主义理论具有科学性的原因所在。马克思主义理论在被世界各国吸纳、采用的过程中，并非原封不动、教条式地被吸纳、采用。各个国家会根据本土的实际情况对其加以改造、创新、发展。如不仅有中国特色的马克思主义理论即中国化马克思主义理论，世界上还存在朝鲜的马克思主义理论、越南的马克思主义理论、古巴的马克思主义理论等本土化的理论教育。同时因为地域差异、文化差异，使各个国家的马克思主义理论存在不同；就各个国家的不同历史发展时期而言，马克思主义理论也并非是一成不变的。随着历史客观实际的发展、变化，马克思主义理论也会注入更多的新的思想、观点。自从马克思主义与中国客观实际接轨后，相继产生了与之一脉相承的“毛泽东思想”“邓小平理论”“‘三个代表’重要思想”“科学发展观”及“习近平新时代中国特色社会主义”等中国化马克思主义理论。那么，以马克思主义理论为思想指导和教育内容的教育实践自然也会随着历史发展的客观实际即历史逻辑变化而变化。

基于思想政治教育逻辑要与历史逻辑相一致，理论教育实践要随着历史发展进程及理论的改变，各环节做出相应的调整，这就决定了思想政治教育具有链式结构关系。

第二节　思想政治教育链形成的主观动因

马克思指出："'思想'一旦离开'利益'，就一定会使自己出丑。"① 也就是说，个体从事的任何实践活动不一定合规律但却一定具有合目的性。思想政治教育链具有客观存在的可能，还需要有组织者的主观动因的推动，这是思想政治教育链得以形成的驱动力。

一、增强大学生思想政治教育实效性的需要

思想政治教育链的形成首先是基于参与者具有增强活动实效性的需要。思想政治教育链的参与者，从构成上说，可以分为领导层、管理层、操作层。对于领导层面来说，具有提高理论教育活动实效，以维护阶级意识形态、维系社会和谐发展的需要。对于管理层面来说，它是链接领导层面与操作层面的桥梁与中介，其意义的实现在于操作层面对于领导层面要求的落实，那么，自然具有提高实践活动实效的需要。对于操作层面来说，具体指教育者与教育对象（大学生）来说，教育者具有个人价值实现的需求，他的任务是作为统治阶级的代表，将社会要求的理论传授给教育对象。教育对象是否形成社会要求的理论素养，则是衡量其实践活动是否成功的重要标准。此外，对于教育对象（大学生）来说，掌握科学的马克思主义理论，关系着他们的成长成才。

在参与者具有提高思想政治教育实效的需要的驱动下，思想政治教育链的形成还在于它能够满足参与者增强实效性的需要。一方面，思想政治教育链的合规律性是提升大学生思想政治教育实践实效的前提。思想政治教育链是在依据大学生的心理接受规律、理论本体的逻辑规律及符合历史

① 《马克思恩格斯文集》第1卷，人民出版社2009年版，第286页。

逻辑的基础上教育过程的各个环节相互衔接而建立的关联关系。遵循这种关联关系展开的教育实践具有科学性，从而能够提高实践的有效性。另一方面，思想政治教育链潜移默化的方式能够达到润物细无声的效果。一是，思想政治教育链是依据受教育者的心理发展规律与理论本体的逻辑规律而有序展开的理论教育实践系统，而使教育过程的方式具有潜移默化性与渗透性。二是，思想政治教育链强调理论教育活动贯穿于大学生的日常生活及成长全过程，给大学生形成一定的思想政治教育的环境场域。人是生活于一定的环境中，环境对人的思想素质的形成具有重要的熏染作用。例如，孔子的“性相近，习相远”，古语有言“近朱者赤，近墨者黑”以及我们所熟知的“孟母三迁”的故事等都很好地表达了环境对于人的思想素质的熏陶影响作用。思想政治教育链所营造的环境场域，能够隐藏理论教育的意识形态性、政治性，淡化大学生的受教育者的角色意识，使其在潜移默化中形成马克思主义理论相关认知，培育稳固的马克思主义理论情感。

二、提高大学生思想政治教育效率性的诉求

思想政治教育链的形成还在于能够满足提高大学生思想政治教育的效率性的诉求。效率是指投入与产出之比。投入与产出是经济学常用的一组概念。在经济学中，投入是指生产某个产品或劳务的过程中所耗费的时间、精力、物资；产出是指在对投入的资源加工、制作后所形成的产品或服务等。产出是在投入的基础上形成，没有投入就没有产出。而投入是为了得到产出，产出是投入的动机。但是有相应的投入，不一定能够得到相应的产出。也就是说，投入与产出往往不是成正比例关系，或许比值较低，即投入多，产出少；或许比值较高，即投入少，却产出多。当比值较低时，效率越低；当比值越高时，效率越高。人们的任何一项带有目的性的活动都涉及投入与产出的比值关系，而以相对少的投入获得相对高的产出则是人们所追求的理想效率目标。思想政治教育虽然是精神性极强的灵

魂性工程，但为了提高实践的有效性，也离不开效率、效益的评判，即对其投入与产出进行合理的评价、评估。大学生思想政治教育的投入是指在开展教育实践活动中所投入的人力、财力、物力，具体包括领导者、策划者、管理者、监督者、操作者等相应工作人员及职能部门的配备，教育场地、教育设备、教育设施等硬性条件的布置及其他工资、奖励等经费开支等。大学生思想政治教育的产出是指在教育实施后，大学生的马克思主义理论素养的涌现。大学生思想政治教育要有所产出就必须有所投入。但实践证明，往往基本相同的投入，所取得的产出也具有很大差异。这是由于思想政治教育与知识性教育或实践活动的投入与产出区别还是很大，其投入的资源所作用的对象是具有主体性的大学生，产出的是在思想上、价值观念上经过塑造的大学生。这个过程的可控性很低，投入与产出的把控难度也会增大。那么，如何有效、稳定地以相对小的投入获取相对较大的产出，使有限的资源获得更大的社会效差，提高大学生思想政治教育的效率性是一个尖锐的现实问题。

大学生思想政治教育的投入到产出是在一定的时间内经历多个环节活动对投入资源进行加工、制作后形成的产出结果。那么，要使投入与产出的比值增大，即要使大学生思想政治教育的整体效率增大，就有必要通过内部各个环节活动的效率性的集体增大以促使整体效率性的增大。而要使大学生思想政治教育内部各环节活动的效率性增大，就要使内部各环节有机地衔接起来，产生协同效应。协同效应就是通过两个环节活动的协同运作，产生出大于两个环节活动简单相加总和的联合效果。大学生思想政治教育内部各环节活动之间有机衔接起来依赖于，各活动环节的存在与相互链接关系遵循大学生的接受心理序列与马克思主义理论的逻辑序列，也就是要求大学生思想政治教育实践依循理论教育链而展开。只有遵循理论教育链而展开的大学生思想政治教育实践，才能够与大学生的认知接受习惯、接受心理序列等相吻合，从而有效地促使大学生内化教育内容，并通过思想矛盾运动外化为行为规范。遵循思想政治教育链展开大学生思想政治教育是最优效率路径，是投入与产出比最大的选择。因此，思想政治教育链的形成动因之一在于提高大学生思想政治教育效率性。

三、提升大学生思想政治教育生态性的要求

思想政治教育链形成的驱动力还在于其能够满足提升大学生思想政治教育的生态性的要求。生态观念伴随生态学的发展而不断强化。可以说，从人类诞生之日起，原始先民的发展就与自然息息相关，也正是这种息息相关的关系使生态学得以产生。1988 年，德国动物学家黑克尔首次把生态学作为学科的名称而提出，他认为生态学是“研究生物与其他环境相互关系的学科”①。随着人类社会的不断发展、生态学科的深入推进，生态学不仅关注人与自然的关系，而且也关注人类社会的各种活动，如人类社会的持续科学发展、和谐平衡等问题。生态学家奥德姆指出：“现代生态论是自然科学与社会科学的桥梁。”② 可以说，当下的生态概念已经从初始的研究实体对象的学科转变为具有哲学意义的思想方式和方法论研究的学科。而“当前之所以有很多社会科学学科借鉴生态学的理论和方法来开展交叉研究，主要目的正在于借鉴生态所蕴涵的观念、思维、视角、方法、原则和价值等”③。具体来说，生态学反映的生态观念具体表现为系统关联、和谐开放、协调共生、动态平衡等。大学生思想政治教育的生态性要求就在于在大学生思想政治教育中注入这些生态观念。

大学生思想政治教育注入生态观念并非主观臆造，而是两者之间具有耦合性。一方面，大学生思想政治教育系统内部具有生态性要求。思想政治教育是一个遵循大学生的思想素质形成规律有序地展开的教育过程实践，体现了系统关联、协调共生、动态平衡等生态观念。思想政治教育属

---

① 尚玉昌：《生态学概论》，北京大学出版社 2003 年版，第 1 页。

② Eugene Odum, *Ecology: The Link Between the Natural and Social Science*, New York: Holt, Rinehart and Winston Press, 1975.

③ 杨增岽：《思想政治教育学科论域中的“环境”与“生态”辨析》，载《学校党建与思想教育》，2010 年第 2 期。

于思想观念的教育，它和一般的知识性教育不同，教育对象并非被动地接受教育，而是要主动地参与教育，并通过内化和外化实践得以完成。这个过程就强调思想政治教育内部各个要素、各个环节依循客观规律而协调运行，强调系统内部的和谐。往往在实际的思想政治教育实践中可能忽视大学生的主体性地位，而导致教育者与大学生之间的矛盾与不和谐。这就强调大学生思想政治教育要注入生态观念，寻求教育平衡。另一方面，从大学生思想政治教育与外部系统、环境之间的关系来说，具有生态性要求。思想政治教育有与教育平行系统即智育、德育、美育、体育，以及社会、政治、经济、文化等大系统之间保持协调平衡的要求。这不仅强调思想政治教育系统内部的和谐平衡，而且强调它与外在系统环境的和谐平衡，只有在和谐平衡的环境中，才能为马克思主义教育实践提供良好的发展平台。

以生态观念审视大学生思想政治教育既是理论教育的本质要求，也是提升教育有效性的路径。而大学生思想政治教育的生态性的建构实践则体现为按照思想政治教育规律展开思想政治教育实践，那么就产生了思想政治教育链建构的诉求。

第三节　思想政治教育链形成的具体路径

思想政治教育链在具备了客观依据和主观动因的前提下，还需要通过一定的路径得以形成，即需要有健全的组织体系的积极建构、理论研究的推动作用及内外部环境的协调作用。

一、思想政治教育链组织体系的建构作用

思想政治教育链是由理论教育过程中各种活动的环环相扣构成的关联关系，那么思想政治教育链的形成与运行需要有组织体系的建构作用。组

织指为了达到某一目的而通过某种规范的关系联结起来协同工作的有机体。它的特征是具有共同的目标，作为一个整体存在；组织内成员间是分工与合作的关系；具有明确的组织行为规范的约束。随着系统科学的深入发展，系统思维逐渐纳入组织理论中，组织的内涵逐渐开放化、广泛化，衍生为一个开放的社会协作系统。也就是说，不只是传统意义上具有实体的组织机构、组织规章制度、组织成员规定等的组织，只要具备目标一致、相互协作的关系，都是广泛意义上的组织关系。思想政治教育链组织体系就是广泛意义上的组织概念。它并非具有专门的组织机构、规章制度等，而是指在思想政治教育链建构中具有不同分工的成员之间相互协作构成的有机体。

思想政治教育链组织体系对于教育链的建构作用体现在以下三个方面：一是，组织体系承担着思想政治教育链内部各环节的活动的实施。思想政治教育链要从理论转化为现实实践，就需要有实践能力的人。只有当思想政治教育链内各环节活动实施者都具备，且都积极投入活动组建中，才能够推动教育链的形成与运行。二是，组织体系承担着教育链形成过程中的沟通和协调。在具备了教育链各环节活动的组织者的基础上，教育链的形成还依托于各组织者之间的沟通、协调作用。只有通过各组织者之间的协调、沟通才能够及时根据反馈信息对自身的行为做出调整、改变，以确保各环节之间的衔接关系的建立，从而推动教育链的形成。三是，组织体系的建立能够最大限度地激励组织成员的活力和潜能。组织体系是多个成员之间为实现共同目标而相互之间展开协作、互助工作的有机整体。在良好的组织氛围下，成员间容易形成相互约束力和集体约束力，同时也容易形成良性竞争力，有利于各成员的活力和潜力的激发。

二、思想政治教育链理论研究的推动作用

人们获得认识的途径有两种：一种是直接性认识，即参与实践活动获得的直接经验，它是人类一切认识的根源；一种是间接性认识，即通

过学习人类已有的认识成果获得的对外部世界、现象的认识，它对于人类的认识能力的发展也具有重要作用。后一种认识是间接性经验认识，通常是我们从书本上、资料上获得的认识。它不需要亲自参与某个实践，而是经历理论知识形成的多次思维运动而获得。它虽然没有直接参与实践获得经验那么深刻、直观，但能够让人在短时间内获得更多的知识，可以节约学习成本。而且由于人的时间、经历的有限性，（往往某个问题需要多个人的实践、理论总结而形成，）再加之社会发展对理论的需求，人要适应社会发展必须要掌握大量的知识。如果全部靠自我亲身去体验、总结，那是无法适应社会发展的。理论学习是获得知识、形成知识体系的重要途径，进而理论研究对于推进人们的认识实践就非常必要。当然，理论研究有两种：一种是以实践为出发点的理论研究，“科学研究的任务也总是围绕着社会实践的需要这个中心来确定的”①；另一种是从虚幻的思维出发的理论研究，这是唯心主义的主张，其起点来自于头脑中的思辨，这是毫无实践意义可言的。这里所说的思想政治教育链的理论研究，当然是指以实践为基础的理论研究，是对思想政治教育链实践的规律性、本质性认识的理论总结。研究的目的在于更好地推动实践的发展。

思想政治教育链理论研究对于思想政治教育链形成的推动作用体现在两个方面：一是，提高思想政治教育链组织者的建构自觉性与主动性。“人们要改造世界就必须首先认识世界。”② 也就是说，只有人们对某个事物有了一定程度的认识，才能够促使其去实践。而在有了相应认识的基础上，人们是否会将其转化为实践的关键在于价值评判。只有符合人们的价值期待又具有科学性，才能够被实践。思想政治教育链理论研究通过对思想政治教育链是什么、为什么及怎么做等问题展开研究分析，不仅能使各组织者对思想政治教育链是什么有清晰的认识，还能使其认识它的价值所在，从而激发其建构积极性与自觉性。二是，为思想政治教育链实践提供

① 本书编写组：《马克思主义基本原理概论》，高等教育出版社 2010 年版，第 64 页。
② 本书编写组：《马克思主义基本原理概论》，高等教育出版社 2010 年版，第 64 页。

指导。人与动物的区别在于人具有意识性、目的性。人的实践并非无意识的实践活动，它是在一定的理论、方法指导下进行的。理论越成熟、越科学，其指导下的实践越具有方向性，越能保证实践有序展开。思想政治教育链形成实践是依循大学生的接受心理序列和理论本体的逻辑序列有序展开的。它需要各组织者对学生的接受心理序列及理论本体的逻辑序列等有清晰的认识，才能够保证其实践的科学性、有效性。否则，实践就是盲目的，难以做到遵循客观规律，难以使各环节的活动之间相互衔接。思想政治教育链理论研究在于厘清教育链的内涵、本质、规律等内核问题，为各组织者提供方向和方法指导。

三、思想政治教育链内外环境的协调作用

内外环境的协调作用是指思想政治教育链系统的内部与外部环境之间的交流、互动所起到的平衡、推动作用。思想政治教育链是一个开放系统，它又作为子系统从属于更大的一个系统内，这就决定思想政治教育链系统必须与外部环境进行交流、互动。它形成的先决条件在于其内外部环境的协调作用。

思想政治教育链内外环境的协调作用具体体现在三个方面：一是，能够为思想政治教育链的形成提供良好的环境平台。思想政治教育链是在一定的环境中形成和运行的，离开外部环境它无所谓存在。而只有当外部环境和内部环境协调运作的时候，才能够减少矛盾和冲突。为教育链的形成提供一个和谐、稳定的环境，才能有助于教育链内部各环节有序地衔接起来。二是，能够使思想政治教育链与外界进行顺畅的物质、能量交换。生态平衡法则决定了任何系统要保持平衡，都必须与其他系统进行物质、能量交换。只有不断与外在环境进行交流、互动，才能够保持其内部的运动过程中的平衡。思想政治教育链也需要不断地与外在环境之间进行物质、能量交换，才能够促进其内部的新陈代谢，保持其内部平衡，否则系统将不能运行。三是，能够为思想政治教育链发展提供动力。思想政治教育链

是开放的系统，它要不断地与外界进行物质、能量交换，通过不断调整自身的适应能力，融合外界环境，实现自身的延伸。思想政治教育链系统与外部环境交流、互动程度一定程度上决定着其系统边界。

理想化的思想政治教育链系统与外界环境之间的交流、互动应呈现出一体性、整体性特征，即思想政治教育链的整体边界与外界环境直接相接，融为一体。然而，由众多子环节组合构成的思想政治教育链，又由于环境的不断变化，这种理想化的直接相接状态在实际的环境中很难得以实现，那么，就需要不断提升思想政治教育链的内外环境的协调性。除直接改善、优化外部环境之外，更重要的是要努力提高思想政治教育链的自组织性。而思想政治教育链作为系统存在必然表现为某种有序的状态，且系统越是趋向有序，其自组织性越好，对外部环境的感知和适应能力越强，越能够与外在环境协调发展。

小　结

明确思想政治教育链形成机理，是确保其建构实践的科学性的前提与保障。本章主要是分析思想政治教育链形成的客观依据，即思想政治教育逻辑符合大学生接受心理序列、符合理论本体的逻辑序列及与历史逻辑相一致三方面，来探讨其形成的前提条件；分析思想政治教育链形成的主观动因，即增强大学生思想政治教育的实效性的需要，提高大学生思想政治教育的效率性的诉求，提升大学生思想政治教育的生态性的要求，来探究其形成的关键所在；最后分析思想政治教育链形成的具体路径，即思想政治教育链组织体系的建构作用、思想政治教育链理论研究的推动作用及思想政治教育链内外环境的协调作用，来明晰其形成过程。

第六章

思想政治教育链的运行机制

运行机制指一个系统运行过程中各要素的相互结构关系及作用机理。思想政治教育链作为一个由多要素、多环节协调运作构成的整体系统而存在，它的良性运行自然离不开一定机制的作用。具体来说，思想政治教育链的运行机制包括动力机制、沟通机制、协调机制、整合机制及延伸机制。

第一节　思想政治教育链的动力机制

任何事物的发展都需要动力的推动。思想政治教育链的运行也需要一定的动力推动。由多要素、多环节构成的思想政治教育链，内部是由多个分力协调运作，形成合力推动其形成与运行的。科学的动力机制，是思想政治教育链建立和健康运行的保障。

一、思想政治教育链动力机制的概念

要把握思想政治教育链动力机制的内涵，离不开对动力、动力机制及思想政治教育链动力机制概念的研究分析。

（一）动力的含义

唯物辩证法认为任何事物都是变化发展的，运动是事物存在的形式。

运动就需要动力的支撑和推动。从自然界万物的发展，到人类社会物质世界、精神世界等的发展都离不开动力的推动。那么，动力是什么？从词源上看，《汉语大辞典》认为，动力有两种含义，一是指，人物作用力或机械物体作用力或自然之力；二是指，比喻推动事物变化、发展的各种能量、力量等。① 从各学科来看，社会学领域中动力是指如自然动力、人性动力、神学动力、民本动力或社会动力等促使社会前进发展的推动力。管理学认为，个体的某种行为是由相应的动机引起的，而这种动机的产生则是基于个体心理的某种需要，这种需要未得到满足的时候，就会促使人产生某种行为以获得内心的满足，即促使个体产生某种行为的动力。② 心理学也认为动机是直接引起个体某种行为的原因和动力。③ 马克思主义哲学则认为矛盾是推动事物发展的动力所在。可见，各学科对于动力的定义主要是基于各学科的学科属性。虽然词源学和各学科对动力的定义有所不同，但从根本上来说，动力内含以下两层意思：一是，它是推动事物运动、变化、发展的力量和能量。也就是说，事物由于动力的作用，具有了动态性、过程性等特性。二是，事物发展的动力是由各种分力构成的合力。推动事物发展的动力是其内部各种分力的冲突、碰撞以及与系统外部各种力量的冲突、碰撞后形成的一种合力。如社会的发展是由经济发展之力、政治上层建筑作用之力以及其他相关因素的力量的合力作用。恩格斯所说历史是在无数个单个人的意志、行为相互碰撞、冲突中形成，它是合力作用的结果。④ 因此人的行为的产生也不仅仅是一个动机作用的后果，因为人的需要是多方面的，那么引起人的某个行为的动机也是多方面，人的行为的驱动力也是一种合力的作用。这体现出动力具有整体性与多样性的特性。

---

① 庄涛、胡敦骅、梁冠群主编：《汉语大辞典》第 2 卷，汉语大辞典出版社 1992 年版，第 799 页。

② 程延江：《管理学教程》，哈尔滨工业大学出版社 2003 年版，第 349 页。

③ 李建明、刘瑶：《社会心理学》，安徽大学出版社 2003 年版，第 49 页。

④ 《马克思恩格斯文集》第 10 卷，人民出版社 2009 年版，第 592 页。

（二）思想政治教育链动力机制的含义

任何事物发展的动力都是由多种分力之间的冲突、碰撞及平衡后形成的合力，那么动力机制就是要描述事物发展过程中多种分力之间的结构关系，及其冲突、碰撞及平衡的作用机理、作用规律。思想政治教育链的动力机制就是指思想政治教育链形成与运行过程中涉及的各种分力及其冲突、碰撞、平衡以推动理论教育链向前运动的作用机理。思想政治教育链的动力机制具有几层特性：一是整合性。推动思想政治教育链形成与运行的力量涉及多个层面，包括人的力量、物的力量、环境的力量、社会的力量及教育产生的力量等，每个力量系统的下面又具体包含着无数的子力量，这些力量有来自系统内部，也有来自系统外部的，它们都是推动理论教育链形成与运行的分力。如何使理论教育链协调运作，则在于通过动力机制，使各种力量得到整合发展。二是动态性。思想政治教育链的动力是由系统内部各种分力的整合协调以及与系统外部的各种力量的平衡发展的结果，而无论是系统内部的各种分力的整合协调还是系统与外部各种力量的平衡发展都是一个动态的过程，各个分力的大小以及分力之间的结构关系都是处在调整、变化之中。正是这种动态的变化、发展过程使理论教育链具有拓展延伸的可能。三是，方向性。思想政治教育链运行过程中的各种分力都是在力量上具有大小之分，在方向上也是具有差异的。理论教育链的动力机制的整合作用，不仅要使各种分力在力量上相互制约、抵消，而且要求其在方向上保持一致。因此，理论教育链的动力机制具有方向性特性。

二、思想政治教育链动力机制的功能

思想政治教育链的动力机制的功能并非指动力的功能，动力的功能在于推动事物向前发展的性能，而动力机制的功能则是指这种动力运行的机理所产生的作用和意义。具体来说，思想政治教育链的动力机制的功能体现在三方面：一是，为理论教育链运行提供整体性动力。推动理论教育链运行的动力并非是各种分力的相加之和。各种分力间有交叉、相容性，也有矛盾、冲突性，要使各种分力在一个系统内得到和谐、平衡的发展，那么就需要动力机制的调节。动力机制在于化解各种分力间的相互矛盾、冲突，加强彼此间联系性，使各种分力围绕一个目标协调发展，整合起来，形成一个合力。例如，推动思想政治教育链运行的动力是来源于学校、家庭、社会及其他系统的理论教育力量的协调发展。学校、社会以及家庭理论教育都是其中的分力，它们都有各自的独特性，都对大学生理论教育产生着推动作用。大学生理论教育链的动力机制在于把来自学校、社会、家庭等各个层面的教育分力整合起来，为理论教育链运行提供整体性的动力。二是，使理论教育链和谐平衡发展。思想政治教育链的动力机制不仅能够为理论教育链的运行提供整合性、整体性动力，而且能够使其得到协调、平衡发展。理论教育链不论是从系统内部看，还是从与系统外部的关系看，都涉及多方面的因素，这些因素都对理论教育链的运行产生着或多或少的推动抑或阻碍作用。由于系统的庞大性与系统内部结构的复杂性，系统的运行发展存在着多变性与难控性。理论教育链的动力机制则是对系统内部及与外部关系的各种分力的结构关系的调节，它使各种分力按照一定的法则自行抵消、结合起来，在一个平衡的状态下，交融发展，从而使理论教育链系统得到和谐运作。三是，增强理论教育链结构的牢固性。思想政治教育链动力机制对理论教育链结构的增强是通过使各种分力的交叉性、融合性及依存性的增强得以实现。理论教育链的各种分力在围绕理论教育链总目标的实现的过程中，在动力机制的作用下，增强彼此之间的相关性、结构性，从而成为一个相互依存、相互促进、相互推动的整体力量。

三、思想政治教育链动力机制的运演

思想政治教育链的动力来源有内生动力、外生动力。内生动力是理论教育链内部各要素协调运作产生的推动力；外生动力是理论教育链的外部

环境和条件产生之力。理论教育链的动力机制运作依赖于内生动力发挥根本性推动力，外生动力发挥保障性推动力得以实现，具体表现为思想政治教育链的内生动力机制、外生动力机制的运演。

思想政治教育链的内生动力机制是指理论教育链形成和运行过程中，系统内部各要素产生的各种分力间的相互关系及相互协作形成合力的机理。唯物辩证法认为事物的发展由矛盾推动，而对一事物而言是由内部矛盾和外部矛盾共同推动的，也就是内部动力和外部动力推动，内部动力是事物发展的根本原因和动力，决定着事物发展的趋势、方向、动态等。因此，内生动力机制对于思想政治教育链的运行起着决定性作用，它决定着理论教育链的方向、趋势和动态等。具体来说，思想政治教育链的内生动力机制的运演表现为三个方面：一是，理论教育链内部各个分力的一致性。需要是推动人们行为的驱动力。理论教育链的形成与运行也在于各构成人员之间的相互协同行为，在于各成员的动机和需要具有一致性。这种需要不同于理论教育活动的需要，理论教育活动的需要是对理论的需要，而这种需要是对理论教育链形成与运行的需要。教育对象（大学生）对理论教育链的需要在于其需要规律性、连续性、一致性的理论教育以促进其理论素养的提升与理论实践能力的提高；教育主体对理论教育链的需要在于其需要通过全过程、全员的理论教育形成教育合力以巩固和提升其教育效果，更好地实现其教育理想与自我价值。各参与者的需要形成了理论教育链的分力，而这种需要的一致性，为各个分力之间建立了相关性，它是理论教育链动力机制形成的基础和前提。二是，理论教育链内部各个分力间的相互依存、交叉、促进。各参与者的需要是构成理论教育链的各个分力，而各个需要的满足在于彼此间的相互协作、促进，也就是说，各个分力的运作、发力都不是孤立的、独自的，它们之间都存在某种依存、交叉与促进关系，这种相关性、结构性关系使他们作为整体的一部分自我调整、调节来彼此协调、彼此适应、彼此促进，从而结成合力来推动理论教育链整体的形成与运行。而理论教育链内部各个分力间的相互依存、交叉、促进关系则是理论教育链动力机制的内在关系结构与运行机理的表现。三是，理论教育链各个分力的自我控制、自我调节行为。这是基于系统自组织特性而言。一旦各种分力通过某种结构关系或机理建立起合力或动力系统，那么这个动力系统便具有了一定的自我维持、自我调节、自我适应等功能。也就是说，它是一个良性循环的动力系统，能够通过适当的自我调节、调整去排除或同化其中的相异、冲突分力，使整个动力系统保持平衡运行状态。理论教育链是由多个层面、多个领域的成员共同建构的链式教育体系，在运行的过程中，难免由于其中某个或某些成员在思想上存在偏差，利益上存在冲突，造成理论教育链动力系统内部的矛盾、冲突，但这都能通过理论教育链的动力机制的强大结构性、相关性效应而得到协调、平衡。

思想政治教育链的外生动力机制是指理论教育链形成与运行过程中，各种来自外部系统产生的影响与推动力的机理。它是理论教育链形成与运行的重要条件。具体来说，理论教育链的外生动力机制运行通过两个层面得以实现。一是，理论教育链系统与外部系统之间互动。理论教育链的形成与运行离不开一定的环境，它必须处与一定的环境中，与环境中的其他系统发生一定的联系，通过信息、能量等的输入与输出活动不断地运动、变化、发展。理论教育链与外部系统之间的互动过程就是外生动力产生的前提。外生动力是指外在的各种因素、分力对理论教育链产生的推动作用，而这种推动作用必须在与理论教育链发生关系及互动过程中得以存在和产生。理论教育链与外部系统的相互作用从性质上可以分为两类。其一是理论教育链与平行教育链系统的互动。理论教育链是整个教育链系统中的重要组成部分，它与其他教育链系统具有紧密的联系，是在与其他教育链系统的相互促进中良性运行的。如它为德育链、智育链、体育链、美育链等的发展指明了方向、提供了精神动力，而德育链、智育链、体育链、美育链等的综合发展反过来又为其奠定了良好的基础。它在与平行教育链系统的互动过程中，产生着推动其运行的外生动力。其二是理论教育链与其他环境系统的互动。理论教育链由于其承载的内容是意识形态教育，与经济、政治、文化环境系统之间有着广泛而紧密的联系。理论教育链只有不断地调整自我来适应政治、经济、文化环境的变化，才能够获得顺利的运行，它适应环境发展的行为也在改变着环境，在与环境的不断适应性互动中产生着推动理论教育链向前运行的外生动力。二是，外部系统的各种分力间相互协作而形成和谐、平衡的合力对理论教育链系统产生推动作用。理论教育链的外生动力机制的运行不仅离不开理论教育链与外部系统之间的互动，使外部系统的各种分力通过互动传导给理论教育链系统，而且外部系统的各种分力间是以相互协作的整体方式作用于理论教育链系统，这为理论教育链系统的运行提供了一个和谐、平衡的外部环境。理论教育链外部系统的各种分力之间的内在联系表现在它们都以理论教育链为相互联系的桥梁，而且它们对理论教育链的影响作用都是通过间接的方式产生，这种作用都具有助推抑或阻碍性质。基于这些方面的规定，作为构成理论教育链的外生动力的重要分力或构成成分，通过相互依存、相互协作为理论教育链的运行提供了良性环境。

第二节　思想政治教育链的沟通机制

思想政治教育链的形成和运行都离不开各教育主体、组织间以及与教育对象之间达成共识，否则方向难以统一、行为难以一致、目标难以实现。沟通机制则是推动思想政治教育链各教育主体、组织间以及与教育对象之间达成共识的重要条件。

一、思想政治教育链沟通机制的概念

思想政治教育链沟通机制反映的是思想政治教育链各组织之间的沟通实践的运行关系，要把握它的内涵及机理，就需要对沟通、思想政治教育

链沟通机制等的含义展开研究分析。

（一）沟通的含义

从词源上看，《现代汉语词典》认为，“沟通，指两方能够彼此连通”①。《辞海》认为，沟通最初的意涵是指通过开沟使两端的水能够连通，后来泛指彼此之间的相通。② 从各学科看，管理学领域中，沟通是指通过信息、情感的传递使具有不同地位、背景、思想观念、利益等的人们之间形成某种互动或理解的行为③；传播学领域中，沟通是指团体或个体之间以某种符号传递信息、情感、观念的行为④；思想政治教育学领域中，沟通特指教育者与教育对象之间的教育内容、教育信息及情感的交流互动实践⑤。可见，沟通的内涵不论是从词源上还是从各学科的定义上来说，都主要是指主体间发生的信息传递与交流实践或过程。归结起来，可以从以下几个方面理解沟通的内涵。一是，沟通是描述人的实践活动。也就是说，沟通具有属人性，是人类特有的实践。沟通的发起者、承载者与实现者都是人。二是，沟通是一个双向互动过程。这也说明沟通并非单个主体的实践活动，而是多个主体之间进行信息、情感互动的过程，其中有一个信息发送、接受及反馈的过程。当然，也有主体进行的自我沟通，即自我反省。三是，沟通的形成与实现需要一定的内容、载体、渠道、环境等。双方沟通关系的建立是基于信息内容的传递、交流，而信息内容的传递、交流必定要通过一定的载体、方式、手段，这种实践活动也必定是发生在特定环境之中。

（二）思想政治教育链沟通机制的含义

沟通是主体之间进行信息传递、交流的实践或行为。而思想政治教育

---

① 中科院语言所词典组：《现代汉语词典》，商务印书馆 1973 年版，第 349 页。

② 夏征农主编：《辞海》（缩印本），上海辞书出版社 1979 年版，第 901 页。

③ 张康之、李传军：《一般管理学原理》，中国人民大学出版社 2005 年版，第 333 页。

④ 王磊：《管理沟通》，北京石油工业出版社 2001 年版，第 58 页。

⑤ 陈秉公：《21 世纪思想政治教育工作创新理论体系》，吉林教育出版社 2000 年版，第 312 页。

链的沟通，则不仅是描述该链条上具体的主体间的单个沟通实践，而且是描述思想政治教育链的各种沟通要素、沟通过程的总称。思想政治教育链的沟通机制就是反映思想政治教育链系统内的各沟通要素之间的相互作用、相互关系及运行机理。具体来说，从以下三个方面把握思想政治教育链的沟通机制的内涵：一是，思想政治教育链的沟通机制的运作范围涉及理论教育链的整体各方面。也就是说理论教育链的沟通机制的形成要素涉及整个理论教育链系统，凡是处于理论教育链系统内的沟通要素都是理论教育链沟通机制的构成要素。它不仅包括思想政治教育者与教育对象之间的沟通实践行为；而且也包括思想政治教育领导层、管理层、操作层等之间的沟通、学校、家庭、社会与大学生群体的沟通，以及大学生自我进行反省沟通等。二是，从静态角度看，思想政治教育链的沟通机制反映的是其构成要素的结构关系。一方面，大学生思想政治教育链的沟通要素的关系表现出层次性。如从宏观上看，思想政治教育链由学校、家庭、社会等教育主体的沟通组成；从微观上看，由各场域的理论教育实践中沟通者、沟通信息、沟通载体、沟通环境等依据沟通法则结成相互关系。另一方面，思想政治教育链的沟通要素根据沟通者的性质不同可以划分为三类沟通关系。一类是组织者间的沟通，包括理论教育领导者、管理者、操作者之间的沟通与学校、社会、家庭层面的沟通；二类是教育者与教育对象之间的沟通；三类是教育对象自我沟通。三是，从动态的角度看，思想政治教育链的沟通机制反映的是各沟通要素的运行过程机理，也就是描述思想政治教育链运行过程中各构成要素有序发挥作用的轨迹。从单个沟通实践来看，沟通的形成与实现是沟通者之间信息、情感等传递、交流的过程，它的沟通运行机理也就是沟通信息发生者借助一定的媒介发出信息，信息接受者接受信息后进行信息反馈的双向互动运作过程。而从思想政治教育链系统整体来看，沟通运作机理则是描述以单个沟通实践为单位的各个层次沟通的协调、有序运作过程轨迹。

二、思想政治教育链沟通机制的功能

思想政治教育链的沟通机制对于思想政治教育链的形成与运行发挥着至关重要的作用和功能，具体表现在以下四个方面。第一，它是思想政治教育链组成人员建立相互联系的途径。思想政治教育链以整体为单位运行并发挥作用，是靠各个层面的成员、组织建立联系，实现信息、价值、知识等的流通而得以实现，而各个层面的成员、组织关系的确立，要靠共同目标的指引下的沟通行为得以完成。为确保思想政治教育链的顺畅运行，不仅要建立起校内的领导层、管理层、施教层之间的沟通关系以及教育者与大学生的沟通关系；还要建立起学校、家庭、社会教育者之间的沟通关系。只有各个层面的沟通关系确立起来，链接起来，而且有效地运行起来，思想政治教育链的各环节才能够有效链接起来，系统才能够顺利运作。第二，它是思想政治教育链的信息流通渠道。沟通最基本的职能就是信息传递。思想政治教育链要成为一个整体就离不开一个环节到一个环节的信息流通。例如，为了确保大学生涯各阶段的思想政治教育实践的衔接性、连续性，大学生涯各个阶段的教育主体也要通过沟通进行信息传递。只有确保大学生理论教育链的信息流通顺畅才能够使教育链得以形成和运作。第三，它使思想政治教育链成为一个整体的凝聚剂。理论教育链是多个教育主体与教育对象之间建立的整体性的关系。强调多个教育主体的教育配合，不仅是进行信息流通，而且只有信息流通的有效才能确保教育链整体的形成与运作。那么就离不开感情的凝聚，沟通是感情凝聚的重要渠道。一方面，沟通是加强联系的途径。原本没有联系的人通过沟通建立联系，从陌生走向关联。另一方面，再通过目标一致，在共同完成一个任务的过程中培育了感情，通过感情的熏陶，更加利于信息的传递，如此建立起来的沟通关系更加稳固。可以说，沟通机制是理论教育链形成与巩固的催化剂。第四，它是思想政治教育链运行过程有效的协调手段。思想政治教育链是多个教育活动、教育组织行为的协调化一实践。多个活动如何协调化一，信息沟通、情感沟通至关重要。也就是说，及时的沟通，能够避免过程中冲突产生，能够使方向保持一致、行为保持一致。

三、思想政治教育链沟通机制的运演

思想政治教育链沟通机制的运演主要表现为三个层面的沟通。首先，教育主体间的沟通。思想政治教育链是由多个层次、多领域的教育活动的相互衔接构成，为了确保各教育活动的一致性与连续性，需要加强各个层次、领域主体之间的沟通。从结构上来说，教育主体间的沟通分为上下级、平行系统的沟通。一是，大学生思想政治教育领导层、管理层、操作层之间的上下级互动沟通。理论教育领导层面、管理层面、操作层面之间的沟通一般是自上而下的目标沟通与自下而上的情况反馈沟通。从领导层面、管理层面、操作层面一层一层的传导目标，目标由宏观到具体，由指导性向操作性转化。而领导层面向下一级传递的目标、内容信息并非凭空产生，是在操作层面、管理层面各级自下而上的反馈信息的基础上设定的。一般而言，在自上而下的沟通中，往往由于上一级沟通者的地位的权威性使沟通中带有强制性、约束性，在沟通的过程中，缺乏平等性、民主性，使下一级沟通的接收者容易机械、教条地执行目标任务；而在自下而上的沟通中，又由于下一级沟通者担心影响自身业绩、利益，往往容易虚报或谎报结果，造成上一级沟通者得不到客观的实际情况，这样会造成制定的决策、方案脱离实际。那么，只有建立起良性的互动机制，在自上而下的沟通中，下一级沟通者能够在上一级目标的指导下结合具体实际情况加以实践，在自下而上的信息反馈沟通中切实做到客观实际情况的反馈，理论教育领导层面、管理层面、操作层面之间才能够进行有效的循环沟通。二是，学校、家庭、社会、大学生群体之间的平行系统沟通。在该平行系统内，学校是主导者，应该积极地与家庭、社会沟通。学校可以通过定期开家长会、建立家长 QQ 群、微信群等多种方式加强与家庭间的联系，使家庭与学校的教育内容、教育信息得到即时的协调。家庭也应该积极配

合学校的教学任务，主动加强与学校的联系，关注学生在学校的教学情况等。社会教育是学校、家庭教育的主要补充，在了解学校、家庭教育的基础上，为学校、家庭教育营造良好的氛围，是学校理论教育的重要实践平台，情感体验平台、只有建立了学校、家庭、社会之间的有效联系，才能够形成协调一致的教育体系。

其次，教育主体与教育客体（大学生）的沟通，即教育者与教育对象（大学生）之间的沟通。教育者和教育对象是理论教育活动过程中沟通实践的两极。在思想政治教育活动过程中，教育者是组织者、施教的一方，具有主导性地位，但他把教育信息传递给教育对象，并非机械地、强制性地传导过程，而是一个沟通的过程，要通过与教育对象的言语、身体的沟通，了解教育对象的特征、心理状况，需求情况、接受情况以及与教育对象建立起良性感情关系；教育对象也并非机械地接受，而是与教育者的互动沟通中加以接受，如教育者传递的信息具有科学性，教育者具有人格魅力，教育者与教育对象的沟通往往是有效的，那么，教育对象会很好地内化教育信息。为确保教育者与教育对象之间的施教与受教活动的顺利进行，教育者与教育对象之间需要建立起双向互动的沟通机制。

最后，教育客体自我沟通。教育对象在接受知识后要内化为自我的知识体系，就需要与自己已有的知识体系之间沟通、碰撞、交流，最后形成新的知识体系。大学生与各教育组织者的沟通顺畅展开，关键在于大学生的自我教育沟通。学校教育、家庭教育、社会教育的主体、方式、内容都不一样，学校教育的内容较为理论性、系统性、专业性，家庭教育的内容较为生活化，社会教育的实践性强、形式隐蔽。从一个场域到另一个场域的转化，需要大学生进行自我沟通、自我解读、自我理解。只有大学生对各个场域的教育内容进行有效的沟通、理解，思想政治教育链才能够顺利得以建立和运行。

第三节 思想政治教育链的协调机制

思想政治教育链的协调机制反映的是思想政治教育链的各构成要素、构成环节协调运作的机理，只有通过各要素、各构成环节的协调化一运作，才能够确保思想政治教育链的顺利建立与运行。

一、思想政治教育链协调机制的概念

要把握思想政治教育链的协调机制的内涵，离不开对协调及思想政治教育链协调机制含义的研究分析。

（一）协调的含义

从词源意义上说，协调在英语中译为“harmony”，意思和和谐一词相近，指物质运动过程中各组成部分、各构成要素协同一致的状态和属性。《辞海》也认为“和谐者，协调，调和也”，表述了协调与和谐概念的一致性。从各门学科对协调的定义看，管理学领域中，协调是指为了使各种资源得到有效运用，以利于共同目标的实现，而引导和促进组织或人员之间建立相互配合、协同的关系的活动；① 系统科学领域中，协调是指系统内部各要素或系统与系统之间为了系统总目标的实现相互协作、配合、促进、控制的过程；经济学领域中，协调是指发展的和谐性、可持续性；②公共事业管理领域中，协调是指系统内部的组织机关与工作者为了使各组织、人员能够和谐合作以使总目标得以实现，而对各组织、人员及其活动的各阶段环节及与外部的关系、与对象的关系进行调整的行为活动③。从

---

① 张康之、李传军：《一般管理学原理》，中国人民大学出版社 2005 年版，第 348 页。

② 周立群：《创新整合与协调——京津冀区域经济发展前沿报告》，经济科学出版社 2007 年版，第 11 页。

③ 席恒：《公与私：公共事业运行机制研究》，商务印书馆 2003 年版，第 349 页。

词源上和各门学科对协调概念的考察可以发现，协调从性质上包含两个方面的意思，即事物内部各要素、各部分或事物与事物之间表现出来的理想关系状态和实现这种理想关系状态的行动。具体层面看，协调包含三层意思：一是协调的对象是关系，是使相关性因素、事物之间的关系保持平衡、和谐的状态；二是，协调并非是无目的、任意的行为，一定是围绕一定的目标展开的；三是，协调不是一次性行为，而是持续、动态的过程。因此，协调是指围绕一定目标，系统内的各要素、各部分或者系统与系统间基于一定的规律和原则相互调整关系，以实现目标、方向、行为一致的行为或过程。

（二）思想政治教育链协调机制的含义

基于协调含义的分析，协调机制就是指系统内部各要素、各部分或系统与系统之间围绕共同目标进行关系调整以保证方向一致、目标一致、行动一致的作用原理和过程。思想政治教育链的协调机制就是围绕其形成与运行及效果最优化的目标，思想政治教育链系统内部各要素、各环节依据自身运行规律调整彼此间相互关系，确保方向一致、行动一致、目标一致的作用机理和作用过程。换句话说，思想政治教育链的协调机制是指为使信息、知识、价值等能无缝地、顺畅地在理论教育链中传递，减少因信息不对称造成的教育过程中各环节的不确定性，以及消除因理论教育链的各构成成员的目标不同而造成的利益冲突，提高理论教育链的整体价值而采取的行为。具体来说，要把握思想政治教育链协调机制的内涵，需要注意以下三个方面。一是，思想政治教育链的协调机制运作是以理论教育链效果最优化为目标。理论教育链运行目标与理论教育的目标是有区别的，理论教育链运行目标在于通过理论教育链的有效运行产生理论教育的整体性功能，也就是整体涌现性功能，而理论教育的目标在于完成直接的理论教育任务。理论教育链的协调机制的直接目标在于通过系统内和与系统外部环境的关系，使理论教育链各要素、各环节的方向、目标、行动一致，从而确保理论教育链的顺利建立和运行，并且产生整体最优化效果。在确定了围绕理论教育链效果最优化为目标的基础上，就要对各要素、各环节的行为做出选择、取舍，适当地做出调整，使整体功能大于部分功能简单相加之和。二是，思想政治教育链的协调机制的运行依托于各组成成员的资源共享与积极配合。理论教育链的协调机制的运行并非外在力量对系统内各要素、各环节之间的关系或系统与系统外关系的调整，而是依托于理论教育链的建构者与运行者，即各组成成员。而各组成成员是协调行为的实施者。要确保理论教育链协调机制的有效性，就需要各组织成员之间的信息共享，也就是依托有效的沟通机制，确保信息流通顺畅。在此基础上，还要求各组织成员的积极参与，才能够根据信息对自我的行为、方向、目标进行适时的调节。三是，思想政治教育链的协调机制不仅是对理论教育链系统内部的各要素、各环节的运行进行协调，而且还强调对理论教育链系统与外部环境的协调。任何事物都存在于一定的环境之中，与外部环境的适应程度是影响事物发展的重要因素。与外部环境的关系越和谐，越有利于事物发展，反之，则相反。只有协调好理论教育链与外部环境的关系，才能推进其顺利建立与运行。

二、思想政治教育链协调机制的功能

思想政治教育链协调机制的功能和作用表现在三个方面：一是，确保理论教育链的各要素、各环节的有序运行。理论教育链强调各要素、各环节依据一定的规律、法则有序地运作。具体来说，依托于各组成成员的行为相互衔接和有序展开。而各组织成员相互关联行为依托信息沟通得以实现。但在实际中，往往由于信息沟通存在障碍，或者沟通的缺失，造成各组织者的信息不对称，从而表现在行为上的无法衔接或冲突，那么，就需要进行协调。例如，在具体的思想政治教育中，教育者并非机械地按照原计划实施教学，而是要在原计划的指导下，根据实际情况对施教行为做出适时的调整，协调教育方法、手段、情境等。通过理论教育链的协调机制对各要素的合理配置，理论教育链便可有序建立与运行。二是，能够不断改进和完善思想政治教育链。理论教育链是无限往返的循环过程，但绝不是简单的重复，前一个阶段的工作完成后，在全面客观总结和反馈调节的前提下，开始新一轮的工作，不同运行阶段的衔接形成连续的整体运行过程。通过理论教育链的协调运行机制，各个阶段相互衔接、过渡、减少断层，也能够避免简单的重复循环，从而使理论教育链得以良性循环发展。三是，能够减少资源浪费。理论教育链的协调机制减少资源浪费的功能表现为，使各要素的组成比例适当，避免过少造成的资源无效或过剩造成的资源浪费损失，从而使各要素的功能发挥到最大化。以恰当的资源配置发挥出整体最大化功能，这就是各部分功能的最优化。

三、思想政治教育链协调机制的运演

思想政治教育链的协调机制包括对思想政治教育链系统内部的协调和其与外部环境的协调两个方面。也即通过理论教育链系统内部各要素、各环节的横向协调与纵向协调及其与外部环境的协调得以实现。

首先，关于思想政治教育链系统内部各要素、各环节的横向协调。横向协调主要是对理论教育链系统的各要素、各环节之间的结构关系及功能的协调。一方面，要协调好思想政治教育链系统内部各要素、各环节结构关系。理论教育链是由多组织、多要素、多环节构成的结构关系，为确保理论教育链的建立和运行，首先各组织、各要素、各环节之间要建立相关结构关系，那么，就需要通过协调手段对各组织、各要素、各环节的组成关系进行调整，使其衔接紧凑，关系稳固。如在具体的大学生思想政治教育实践中，要紧紧以教育目标为核心，协调好教育者、教育对象、内容、方法、载体、机制等要素，使其形成一个完整地、合理地思想政治教育链；在总的大学生思想政治教育实践中，要协调好大学生大学各个阶段的理论教育实践的任务、目标等，使其形成具有递进式的教育链。另一方面，要协调好思想政治教育链系统内部各要素、各环节的功能。理论教育链是一个由部分、要素组成的统一整体，它是以整体的行为发挥作用、功能。那么，这就要求理论教育链内部各要素、各环节功能的发挥以整体目标的实现为宗旨，要通过协调手段，使各要素、各环节的功能相互补充、相互推进，从而促使整体功能的最优化。

其次，关于思想政治教育链系统内部各要素、各环节的纵向协调。纵向协调主要是对理论教育链系统各要素、各环节发挥作用过程中的衔接性和动态性的调节。一方面，要协调好各要素、各环节发挥作用的顺序，强调时间上的衔接性。思想政治教育链是由各环节之间相互衔接、功能相互补充构成的结构关系。各环节的作用在时间上也体现着先后顺序，下一环节总是上一环节功能的接续和递进。为了确保思想政治教育链的顺利形成和健康运行，就必须使各环节之间依次协调运作。从具体的思想政治教育链来看，就是协调好教育准备、实施、内化、外化各环节的进展顺序；从总的思想政治教育链来看，就是要协调好大学生涯各阶段的思想政治教育实践的目标、内容的衔接性。另一方面，对各要素、各环节的协调是一个持续的过程，强调协调过程的动态性。也就是说，对理论教育链系统各要素、各环节的协调并非一次性实践，而是贯穿于理论教育链运行过程的始终，要根据客观实际的变化，及时做出适当的调节、调整，以确保各要素、各环节目标、方向、行为的一致性。

最后，关于思想政治教育链系统与外部环境的协调。任何事物都是处在一定的环境中，在与环境的互动中发展，环境是其存在的前提。思想政治教育链得以形成与运行也在于不断地与外部环境协调发展，调整自身以适应环境的变化。外部环境按照性质可以分为经济环境、政治环境、文化环境以及新型的网络环境等。在与经济环境相协调发展方面，经济发展不仅能够满足人的生存发展的物质需求，也会作用于人自身，给人的思想观念带来影响。例如，市场经济的影响增强了人们的平等、自由、竞争、合作等观念，同时又诱发了功利主义、拜金主义等各种不良思想。思想政治教育链的目的在于，通过链式教育使大学生养成马克思主义世界观、人生观、价值观，这是对人的思想观念的塑造教育，但大学生的思想观念又难以避免地受到经济环境的影响，那么，思想政治教育链的建立和有效运行就不得不关注经济因素，要调整自身以适应经济环境的发展。在与政治环境相协调发展方面，可以说，理论教育链与政治环境的关系最为密切，因为理论教育链属于意识形态建设的重要内容。那么，理论教育链更应该与政治环境相适应。整个理论教育链的教育内容要与时俱进，不断地注入新的教育内容，即马克思主义中国化的最新成果，也就是党中央的相关政策、文件等。在与文化环境相协调发展方面，任何东西都是通过文化进行传递和交流的，文化是事物表达的载体。思想政治教育链的形成与运行也要与文化环境相协调，适应文化发展，以反映时代性的文化表达方式、文化思维方式。在与网络环境相协调发展方面，随着信息化、网络化的发展，网络越来越成为人们沟通、获取信息的主要渠道。面对网络这个新型的环境，思想政治教育链不能够无动于衷，也要适应网络化发展，具体来说，其覆盖面应该延伸到网络上，从现实走向虚拟，从线下走上线上。此外，在教育载体、手段、渠道、方法等各个方面应该借助于网络技术。

第四节　思想政治教育链的整合机制

思想政治教育链是各环节相互衔接、相互协作构成的统一整体，以整体的属性、行为等发挥作用、功能，而这个整体作用发挥的最优化，就依赖于整合机制的运行。

一、思想政治教育链整合机制的概念

要把握思想政治教育链的整合机制的内涵、功能、运演，有必要对整合及思想政治教育链整合机制的概念进行分析。

（一）整合的含义

从词源上看，整合的英文表达为“integration”，意指各个不同的部分

结合起来或者综合起来，也指不同的部分相互间的融合。在《辞海》中，整合包含两方面的意思，一方面是从其字面意义上加以理解，即整就是整理，合就是组合。另一方面是描述地质的专业名词，专指新的地层与老的地层之间的接触关系为连续而不间断的关系。① 从各学科看，社会学领域中，整合是相对于分化而言的，是通过一定的手段，将分化的各要素、部分聚合、融合为一个有机整体的行为；哲学领域中对整合的定义体现在部分与整体的关系中，更加趋向于完整性与统一性。② 可以看出，不论是从词源上，还是从各学科对整合概念的界定，它无非包含着合并、聚合、融合、一体化的意思，强调把各部分、各要素、各环节依据一定的规律、通过一定的方式结合起来，以彼此间的相互合作、相互协调，实现整体功能大于部分之和的效应。整合在性质上表现为各要素、各部分、各环节以一定的秩序和规律结合为整体的功能表征，同时也是各要素、各部分、各环节相互协调、相互合作的运动过程表征。

（二）思想政治教育链整合机制的含义

基于整合概念的分析，整合机制就是指各个要素、部分、环节的相互协调、相互合作而在行为、功能等方面统一化过程的机理、规律。思想政治教育链的整合机制，就是指构成思想政治教育链的各要素、各部分、各环节为实现共同的目标，而相互耦合、相互协作，实现整体最优化发展的运行机理。具体来说，把握思想政治教育链的整合机制的内涵，需要注意以下三个方面：一是，整合在于统一协调。思想政治教育链涉及的人员、要素、环节、场域都十分广泛，是一个庞大的工程体系，要使各组成成员的目标、方向、行为保持一致性与协作性以及各要素、各环节的衔接性与互促性，以构成统一整体而行为、作用，那么，就需要通过统一的行为、功能、结构等协调整合。也就是说，各组成成员、各要素、各环节的目标、方向、行为等服从整体的目标、方向及功能的实现。具体来说，具体

---

① 夏征农主编：《辞海》（缩印本），上海辞书出版社 2002 年版，第 2173 页。

② 宫志刚：《社会转型与秩序重建》，中国人民公安大学出版社 2004 年版，第 292 页。

思想政治教育链中的教育者、教育对象、内容、方法、载体等各要素要围绕理论教育目标整合为一个统一整体而发挥作用；总的思想政治教育链不仅强调对各阶段理论教育活动的统一协调整合，也强调大学生涯中各个阶段不同层次的思想政治教育实践的协调整合。二是，整合强调渗透融合。思想政治教育链是大学生思想政治教育的各要素、各环节相互衔接、相互协作而构成的链式结构关系。而要使各要素、各环节之间的衔接性、关联性更加紧密，就需要它们彼此的相互渗透融合得以实现。通过渗透、延伸行为可以使各要素、各环节从形式到内容都得到融合，从而有利于推动整体的整合行为。实际上，在理论教育链形成之时，各要素、各环节存在的意义就在于作为理论教育链整体的一部分，它的存在与发展与其他部分都具有不可分割的关系。正如弗兰克曾说过，每一片历史拼图都是非常绚丽多彩的，但是只有整合为一个宏大的历史版图，它们的绚丽多彩才能够得到充分的、应有的欣赏。① 三是，整合不仅是内部各要素的整合，也包括系统内与外之间的整合。在谈及整合的时候，往往容易把整合限定于系统内，主要关注系统内各要素、各部分之间的结构、行为、功能融合、聚合为统一体的行为。实际上，整合不仅局限于系统内，它还强调系统内外之间的整合行为。思想政治教育链存在于一定的环境之中，离不开与其他系统的相互影响、相互作用。那么，理论教育链如何与其他系统在相互影响、相互作用的过程中稳定发展？这就需要其与其他系统在整合中协调运作、良性发展。

二、思想政治教育链整合机制的功能

思想政治教育链的整合机制在运行中的功能体现在以下几个方面，首先，提升思想政治教育链的整体性。整体性是系统的本质特性。但一般情况下，在整体与部分的关系中，往往存在两种情况，一种是部分的结构合

① ［德］弗兰克：《白银资本——重视经济全球化中的东方》，刘北成译，中央编译出版社 2000 年版，第 347 页。

理，在行为上相互协作，功能上相互补充，从而使整体的功能大于部分之和，那么，此时系统的整体性优于部分性；另一种情况是，部分的结构方式不合理，其行为与功能发挥得参差不齐，某些部分特别突出、显著，某些部分又显得比较欠缺和软弱，此时整体性小于部分性。为了使系统的整体之和大于部分之和，即提升系统的整体性，那么就要对各部分的目标、方向、行为进行协调整合，以实现整体的行为、功能。整合机制的运行作用首先就表现为对理论教育链整体性的提升。由多要素、多环节组成的思想政治教育链不能够仅依赖于其中某个或某些要素、环节的突出、显著性作用，而要通过整合、协调各要素、各环节的目标、行为、功能，促进其成为一个有机整体，以推动整体性功能的发挥。其次，通过整合产生增值力量。当各部分、各要素因为某种关联性组合为一个整体、系统之后，这个整体、系统便产生了特有的而孤立的部分、要素或部分、要素之和所不具有的特性，即整体涌现性。具体来说，就是整体功能大于部分功能之和，也即各部分、各要素按照合力的方式结合在一起，通过协同运作而产生了大于部分之和的新力量。可见，整体、系统较之部分、要素具有质的提升和飞跃。实际上，思想政治教育链整合机制提升理论教育链的整体性的目的与结果就在于获得增值力量。最后，实现思想政治教育链的最优化发展。通过整合机制能使理论教育链产生增值力量，而这个增值力量是有一定的区间范围的。增值力量产生于整体之和大于部分之和。那么，要使这个增值力量最大化，也就需要整体功能的最大化。要实现整体功能的最大化、效果最优化，就要通过整合，调整各部分、各要素的结构关系，使各部分、各要素的相关效益、结构效应最佳化。思想政治教育链的整体功能的最佳化、最优化就在于整合机制的运行，来实现其系统内外部关系结构的最优化发展。

三、思想政治教育链整合机制的运演

思想政治教育链的整合机制是通过其目标、情感、信息、结构、功能

等方面的整合得以实现的。

目标整合。理论教育链整合机制的首要任务是对目标的整合。目标是个体或群体行为要达到的境地或标准。通常来说，一个组织中，组织或群体的目标是通过各个体的分目标或各子群体的目标的协调得以实现。要使组织的整体目标得以实现，就要使各组成成员的分目标趋向于总目标。在群体的共同任务和目标的实现过程中，各成员间相互协作，个体会接受群体中他人存在的有意识或无意识的唤醒信息，从而激励和约束着个体的行为。越能够清晰地认识到自我行为、目标对群体目标实现的意义，就越能够使个体意识到他与群体其他成员的相关性与相似性，从而激励他们行为的积极性、主动性。在共同的目标指引下，各成员间会结成牢固的利益同盟。思想政治教育链作为一个系统整体，其内部也存在许多分目标，包括教育者设立的教育目标，教育对象的成长目标，学校、家庭、社会理论教育目标等。要使理论教育链总目标得以实现，就要对这些不同层次、不同表达类型的目标进行整合，使之服务于理论教育链总目标。这样才能够使理论教育链的各成员在总目标的指引下，约束和激励自身行为，积极参与集体行为，提升理论教育链的整体性。具体来说，理论教育链目标的整合是通过国家政策文件的指引及各成员的自我协调来实现。

情感整合。人的思想的形成及行为的产生要遵循“知”“情”“意”“信”“行”的矛盾运动规律，其中情感要素是人的思想形成与行为产生的催化剂。列宁就十分强调情感因素在人追求真理的实践中的至关重要性。①思想政治教育链具体是由多个成员围绕共同的目标相互协作的链式结构关系。那么，要使理论教育链顺利形成与运行，就需要对各成员的情感进行整合，使各成员的目标、行为都保持一致性。理论教育链是通过三个方面对各成员的情感加以整合的。一是，增强各成员的马克思主义信仰。只有理论教育链的各组成成员树立坚定的马克思主义信仰，各成员间的情感才

① 《列宁全集》第25卷，人民出版社1988年版，第117页。

能够自觉地保持一致性。信仰是支配人们的思想、情感、行为的核心纽带。因此，要通过树立马克思主义信仰整合各成员的情感。二是，以共同的任务、目标加以激励。当个体意识到自我的行为是组织集体行为的一部分，他会接受来自组织中其他成员的有意识或无意识的唤醒信息，从而约束和激励自我的行为，使自我的行为与组织其他成员的行为、方向保持一致。同时，当自我的行为不是孤立的，还有和他目标、方向一致的成员在一起完成任务，他会感受到安全感、依存感，从而提升其行为的积极性、主动性与自觉性。三是，通过相互协作培育情感。理论教育链并非单个成员的行为总和，而是强调彼此间的协作，通过经常性的协作和交往，增强彼此间的感情。

信息整合。思想政治教育链的形成在于承载理论教育信息，使各个领域、层面的信息顺畅流通，各个领域、层面的教育者的价值、知识顺利传导给教育对象（大学生）。在思想政治教育链中存在着多种信息，包括学校、家庭、社会及其他教育主体各个层面的信息。为避免多个领域、多个层次教育者在向大学生传导价值、知识的过程中由于彼此间的信息流通障碍，而造成冲突、矛盾，也为了确保各种信息相互促进、相互补充，就需要对其进行整合。一是，要通过加强沟通，确保信息的畅通。要通过各组成成员间经常性的沟通，传递信息，及时了解各个环节的发展情况。教育者要与教育对象之间进行经常性沟通交流，及时了解教育的效果及教育对象的思想状况，使教育者传导的信息与教育对象接受的信息在一个水平上；各个领域的教育组织、教育者之间要进行定期性沟通，通过沟通把握彼此的发展状况，进行信息整合。二是，通过反馈调节的方式加强信息整合。在理论教育链运行过程中，各个组成成员在发出信息的时候，同时也会接收结果的回馈信息，通过回馈的信息及时调整自我的行为，从而使自我发出的信息与其他成员的信息保持一致性。

结构整合。思想政治教育链是由大学生思想政治教育的各要素、各环节根据一定的规律和关系衔接起来的链式结构关系。结构的合理对于理论教育链的建立和运行至关重要，那么，结构整合就是理论教育链整合机制的重要内容。一是，要实现各环节的有序性。各要素、各环节之间的联系是通过某种相关关系链接起来，而不是任意的组合，这就需要通过整体协调、整合行为使各个要素、环节都具有明确的任务分工和角色定位，从而使各要素、各环节之间结成严密的组织体系以有序地运作。二是，要实现各环节的相互衔接。就具体的思想政治教育链而言，从教材体系转化为应然教学体系的教育准备环节到应然教学体系转化为实然教学体系的教育实施环节，再到实然教学体系转化为大学生思想认知体系的教育内化环节，最后到大学生的思想认知体系转化为行为规范体系的教育外化环节，要实现有序的过程，以形成连续统一的整体，就需要通过整合，使彼此间相互衔接。就总的思想政治教育链而言，从低年级的理论普及为主教育、中年级的理论素质培养为主教育，到高年级的行为引导和规范为主教育，都具有阶段性，要做好各个不同阶段的任务、内容衔接工作。

功能整合。思想政治教育链是由许多要素和环节组成的，各要素和各环节都有各自的功能，但都围绕思想政治教育的总目标得以发挥。要通过思想政治教育链的整合机制对功能进行整合，需达到两个要求，一是，使构成思想政治教育链的各要素、各环节的功能都以理论教育的总目标为统领，不能偏移目标；二是，使思想政治教育链的各要素、各环节的功能之间相互补充、相互耦合、以整体化使功能得以发挥。

第五节　思想政治教育链的延伸机制

延伸性是链的特性。思想政治教育链的运行过程也是一个不断拓展延伸的过程。这种延伸拓展并非毫无根据、毫无规律地展开，而是具有其内在规律的，是通过延伸机制得以实现。

一、思想政治教育链延伸机制的概念

对延伸、思想政治教育链延伸机制概念的分析，是为了厘清思想政治教育链的延伸机制的内涵。

（一）链延伸的含义

从词源上看，《辞海》中认为延伸指宽度、大小、范围上向外延长、伸展。理论界对产业链的延伸特性的研究成果比较丰富。如有学者认为，在产业链的运行过程中，其节点（环节）并非固定不变的，由于市场导向、利益诱导或制度安排等原因，会有新的节点（环节）加入，抑或某些原有节点（环节）的退出，而在适当的时间将这些断环链接、接通起来，抑或适时地向上下游各环节进行拓展，就是产业链的延伸。它使产业链成为“一条粗壮有力且长度适当的产业链条”①。有学者具体在研究休闲农业产业链的时候指出，产业链的延伸具有纵向延伸和横向拓展延伸两层含义。就纵向延伸来说，是指产业链条上的环节向上游的原料加工生产、科学技术研发等环节延伸或下游的开拓市场、销售产品及服务客服等多方面的延伸；就横向拓展来说，是指某个节点企业组织的庞大而带动整个产业链的壮大。② 也有学者在研究价值链的时候，对价值链延伸做出了研究，认为价值链的延伸是通过两个方面得以实现：一是，企业将新的价值活动引入原有价值链中；二是，将原有价值链上的价值活动导出链接到其他价值链中。③ 在思想政治教育领域中，有学者认为，思想政治教育链应该进行横向和纵向延伸。从横向上来说，思想政治教育链应该通过延伸使其与专业教育链、通识教育链、创业教育链等相互交织，以形成教育网；从纵向上来说，就是要加强继续教育、跟进式教育，使思想政治教育链深入到

---

① 刘贵富：《产业链基本理论研究》，吉林大学博士学位论文，2006 年。

② 何海真：《基于产业链延伸与融合的江苏休闲农业星级企业产品开发研究》，南京师范大学硕士学位论文，2015 年。

③ 谢晓鹏：《价值链延伸下的文化企业商业模式创新研究》，广西大学硕士学位论文，2014 年。

日常生活全过程。① 从各领域关于链延伸特性的研究可以发现几点共性，一是，延伸是链的特性。链的运动过程就要进行延伸拓展。二是，链延伸在于两个层次。结构的延伸，即横向结构和纵向结构的延伸；内涵的延伸，即不断从有序化、自组织化向更高的链系统优化发展。

（二）思想政治教育链延伸机制的含义

思想政治教育链延伸机制是指，在思想政治教育链形成与运行过程中，理论教育链内部各要素、各环节生长拓展及理论教育链作为一个整体的生长拓展机理。理论教育链的延伸机制需要把握以下两层意思。一是，它作为一个整体进行延伸。延伸是一个动态的过程，理论教育链延伸并非表示它的不完整性。理论教育链是作为一个整体来延伸。也就是说，它在延伸的过程中是以一个完整的链为前提的。延伸并非打破它的完整性与独立性。延伸是其突破自身而获得更高层次的发展。只是在大学生人生过程中，随着社会交往范围的增加，这个链在结构上也逐渐扩大。同时，由于认知能力的提升，理论教育深度也逐渐增加，这个链在内涵上也逐渐丰富。二是，它是在一种平衡状态下实现延伸。延伸代表着运动、变化，那必定是突破原有状态的运动、变化，但它并非冲突、破裂，而是在平衡中实现，也就是说是一种良性发展。唯物辩证法认为，矛盾是事物发展的根据。那么，在平衡状态中获得延伸，并非意味着矛盾的消除，而是要协调事物内部各种因素的相互关系，使矛盾双方在相互依存、相互促进中获得共同发展。具体来说，理论教育链在实现延伸的时候，它的根本矛盾关系即理论教育逻辑与历史逻辑的相一致性并未改变，而是使它们之间更加趋向于一致性、同一性。三是，它是有规律地进行延伸。理论教育链从本质上就强调理论教育过程要遵循规律性。它作为系统的延伸也并非人为主观的行为，而是在具备了相关的条件基础上，遵循客观规律性的结果。

---

① 马建青：《尊重大学生思想规律——构建有效思想政治教育链》，载《长春师范大学学报》，2015 年第 3 期。

二、思想政治教育链延伸机制的功能

思想政治教育链的延伸机制在运行中的功能体现在两个方面：一是，使理论教育链结构更加牢固。就理论教育链系统内部的延伸来说，各个要素、环节自我完善、自我调节，逐渐深入到彼此之中，增强联系性、衔接性，使整个理论教育链结构关系更加牢固。在具体的思想政治教育链中，教育准备、教育实施、教育内化与教育外化之间在内容上、时间承接上越紧密，那么它们之间的联系越牢固，整个教育链也就越牢固；总的思想政治教育链中，各个阶段理论教育实践之间的衔接面越大，那么它们之间的联系就越牢固，思想政治教育链也就越牢固。二是，增强它与外来系统的适应力。一方面，理论教育链的延伸机制使理论教育链系统渗透进外在系统的发展中，增强两者之间的融合性和平衡性，也就增强了理论教育链对外在系统的适应力。另一方面，理论教育链通过延伸使自我得到壮大提升，在壮大提升的过程中，其所涉及的面变大，而整体在变大，所接触的面在力量上就变小了，在这个程度上说，也就提升了理论教育链适应外部环境的适应力。当外界系统发生突发情况，它都能够融化、平衡它。例如，随着理论教育链的强大，受社会环境中的各种思潮的影响，理论教育链以其整体的强大性也能够减少各种社会思潮的负面冲击。三是，提升理论教育链。不论对于结构上的延伸，还是从内涵上的延伸，都是在循环运行的过程中螺旋式向上延伸发展，这是一种增值运动。

三、思想政治教育链延伸机制的运演

思想政治教育链延伸机制的运演主要通过其内部延伸和对外延伸得以实现。

内部延伸。所谓思想政治教育链的内部延伸是指，理论教育链内部的各要素、各环节之间逐渐相互渗透、相互紧扣、相互促进的过程。具体表现为该链上的各环节之间的关系愈加紧密以及更多的要素、环节参与其中，使整个链系统更加牢固和范围上的扩大化。理论教育链内部延伸得以实现的方式表现在两个方面：一是，通过各环节的壮大，彼此渗透，加紧联系。以具体的思想政治教育链为例，它是由教育各要素围绕教育目标以及遵循教育规律构成教育者的教育准备、教育实施和教育对象的内化和外化等环节组成的链式教育关系。这个链的功能发挥的效果在于其中的各要素、各环节自身的状态，但也更加强调彼此之间的衔接、协作关系。而单个要素、环节发展得越充分，越能够促进与其他要素、环节的渗透和联系。二是，通过良性循环，纳入更多环节，使整体得到拓展延伸。当理论教育链上具备了核心的环节，这个链条就能够链接起来，发挥链系统的整体功能。但这个链系统的整体功能发挥的效果还在于其牢固性以及链上各环节之间的协作度。一般来说，这个链愈加紧密，链系统的整体功能发挥得越强。那么除了核心环节外，就需要更多的环节加入其中。理论教育链是一个增值循环链，通过良性循环，会使更多的环节加入该链，环节间的联系越紧密，这个链的联系就越牢固，从而得到螺旋式上升发展。

对外延伸。思想政治教育链的外部延伸就是理论教育链系统在与外部环境作用过程中相互渗透、融合的过程。当然，理论教育链系统在与外部环境系统作用的过程中不仅具有渗透和融合，而且还具有冲突、摩擦。那么，理论教育链系统的对外延伸不仅要对于适应其发展的外部系统展开渗透、融合，而且对于与之产生矛盾的部分，也要不断调整自我，去消解冲突、碰撞，实现渗透、融合。具体来说，理论教育链的对外延伸运动是通过两种形式实现：一是，理论教育链系统与同级系统之间的交叉延伸。理论教育链与教育链是特殊与一般的关系，是教育链系统下的次系统，但与德、智、体、美等教育链系统之间不是孤立的关系。就理论教育链的本质属性来说，它主导着德、智、体、美等教育链系统发展的方向、趋势，德、智、体、美等教育链系统也需要它的指导。同时，理论教育链的发展也需要其他教育链系统的支撑。因此，理论教育链与德、智、体、美等其他教育链系统的交叉融合发展是其必然趋势。那么，理论教育链对外延伸行为之一就是要主动地渗透、融入到其他教育链系统中，在相互交融中形成更高级的理论教育链。此外，理论教育链与其他环境系统存在交叉延伸。从政治属性上说，理论教育链具有强烈的意识形态属性，它要贯穿个体生活全过程，就要涉及生活、政治、经济、文化等各方面的环境。在与这些环境的相互作用过程中，理论教育链一方面要主动调整自我去适应其变化发展，另一方面也要渗透进这些环境中，促进这些环境的良性发展，从而为理论教育链的形成与运行创造良好的外部环境。例如，理论教育链在运行过程中，难免会遇到各种西方思潮的冲击影响，这时就要主动渗透进去，引领各种西方思潮的发展，创造良好的多元文化发展环境。

第六节　思想政治教育链运行机制关系分析

思想政治教育链运行的动力机制、沟通机制、协调机制、整合机制及延伸机制的合力运作，构成了其运行机制体系。具体来说，它们之间的关系如图 6-1 所示。

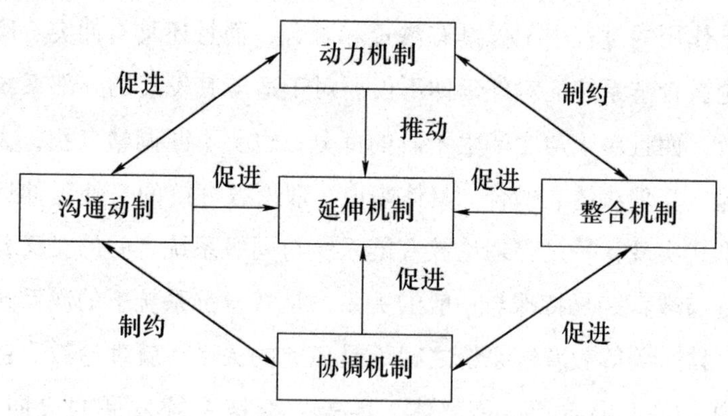

图 6-1　思想政治教育链的运行机制结构关系图

从总体上说，思想政治教育链运行机制结构关系反映的是动力机制、沟通机制、协调机制、整合机制以及延伸机制为中心的循环作用的结构关系。具体把握该结构关系，还需要从以下两方面展开分析：

一方面，把握思想政治教育链运行的动力机制、沟通机制、协调机制、整合机制之间的相互作用关系。一是，动力机制对于理论教育链的形成及延伸发展具有源动力作用意义。它首先对促进沟通机制发挥着推动作用，即动力机制推动思想政治教育链各组织者之间交流沟通。二是，沟通机制制约协调机制的运演。沟通机制的目的在于通过思想政治教育链各组织者之间的交流沟通保持信息畅通，从而根据信息变化，做出及时的行为调整，以达到链的平衡、协调。那么，沟通机制的运演就直接制约着协调机制的实施。三是，协调机制促进理论教育链整合机制的运演。理论教育链在协调机制的运作下，促进其各要素、各环节之间保持平衡、稳定的关系，有助于推动各要素、各环节整体功能的实现，因而推动着整合机制的运演。其四，整合机制制约动力机制。理论教育链整合机制是以统一目标的实现对各要素、各环节的关系、行为及功能进行整合，是关系理论教育链整体性、一体性的重要机制，制约着其动力机制的形成与运演。

另一方面，把握思想政治教育链运行的动力机制、沟通机制、协调机制、整合机制与其延伸机制之间的关系。一是，动力机制对于理论教育链运行的延伸机制具有推动作用。思想政治教育链的延伸机制是通过内部延伸与外部延伸达到整体延伸，而不论是对内部延伸还是对外部延伸而言，都离不开动力的推动，动力机制是推动其延伸机制运演的根本前提。另一方面，沟通机制、协调机制、整合机制对于思想政治教育链运行的延伸机制具有促进作用。沟通机制促进思想政治教育链内部各组织者间与内外部组织者之间的交往互动，使各组织者间建立联系，保持信息畅通，从而促进理论教育链的顺畅运行与延伸发展；协调机制通过协调思想政治教育链内部之间以及内外部之间各种关系，促进理论教育链的内部各要素、各环节之间及系统内外部之间的相互渗透、融合，从而推动理论教育链的延伸发展；整合机制通过对理论教育链各部分之间的关系、功能、行为等的一体化整合，促进其整体功能的发挥，提升其自组织性，以增强其内外系统之间的适应性，从而推动理论教育链的延伸机制的运演。

需要说明的是，动力机制、沟通机制、协调机制、整合机制、延伸机制之间并非绝对的一一对应的关系，它们之间是相互影响、相互制约、相互促进的。只是为了研究的需要，抓住主要结构关系线索加以分析说明。

小　结

本章首先从概念、功能及运演等三个方面分别对思想政治教育链运行的动力机制、沟通机制、协调机制、整合机制、延伸机制展开分析，再对各运行机制之间的关系加以分析，并绘制了思想政治教育链运行机制的结构关系图，从整体性层面对理论教育链运行机制体系加以研究，使研究的逻辑更加完整、严密。

第七章

完善思想政治教育链的对策

遵循思想政治教育链开展理论教育实践有利于确保实践的科学性、有效性。因此，非常有必要对其完善对策展开探讨。本章在思想政治教育链理论内核刍存在的问题及原因分析的基础上提出了相关针对性的完善建议。

第一节　增强思想政治教育链的建构意识

恩格斯曾指出："人离开动物越远，他们对自然界的影响就越带有经过事先思考的、有计划的、以事先知道的一定目标为取向的行为的特征。"① 那么，树立思想政治教育链的建构意识是推动实践运动的关键所在。增强建构意识，不仅强调要加强对其重要性的认识，而且要加强对其科学内涵的把握，同时要树立实践意识。

一、增强对思想政治教育链重要性的认识

建构者对思想政治教育链能满足其需要的认识越清晰，他对理论教育链的重要性的认识也就越明晰。从思想政治教育链的特征、功能等方面来

① 《马克思恩格斯选集》第4卷，人民出版社1995年版，第382页。

说，它对于建构者的价值意义表现在以下几个方面：一是，它能够有效提高大学生思想政治教育的实效性。实践活动越是遵循规律，越科学，越能促成目标的实现。理论教育链本质上就是要促进理论教育逻辑与历史逻辑的相统一，那么，以链式理论教育模式展开理论教育实践自然能够确保理论教育的科学性，从而能够有效地提升理论教育的实效性。二是，它能够巩固马克思主义的主流意识形态地位，维护社会和谐发展。通过教育链模式展开对大学生的思想政治教育，强调多方力量参与到理论教育实践，在提高大学生理论素养的同时，也增强了广大社会成员的理论素养。通过提升大学生群体与广泛社会成员的理论素养，巩固马克思主义主流意识形态的地位，从而维护社会和谐发展。三是，它对于中国特色社会主义建设实践具有重要意义。理论教育链强调理论教育逻辑与历史逻辑相统一，即强调理论教育要遵循与时俱进和一切从实际出发的规律。也就是说，在理论教育链模式下展开的理论教育活动的教育内容是与时俱进的，教育原则上遵循理论联系实际，旨在为中国特色社会主义建设实践服务。四是，它是确保大学生成长成才的重要条件。通过理论教育链的建构，能够有效提高大学生的马克思主义理论素养，为大学生的成长成才指明方向、提供理论指导。在认识到理论教育链建构的价值意义之后，就要给予相应的关注与重视。体现在国家层面，就是要通过相关政策、文件的出台，以及制度建设来增强理论教育链建构的氛围与指明理论教育链建设的方向、重点等；就学校、家庭、社会等理论教育的直接主体来说，要加强自身理论教育过程的合规律性与彼此之间的沟通、衔接、协调；在大学生层面，要积极主动地参与到理论教育实践中，同时增强自我理论教育。

二、增强对思想政治教育链内涵本质的认识

明确理论教育链的重要性后，还要对理论教育链“是什么”具有清晰认识，建构者对理论教育链建构意识才会愈加强烈。一方面，要明确理论教育链强调的是理论教育过程的各阶段、各环节的相互衔接关系。也就是

要明确理论教育链并非实体存在，它反映的是一种关联关系。另一方面，还要明确这种关联关系的客观性。这种关系是主体在对客观规律的理解和把握的基础上，遵循客观规律建立的关联关系。要明确理论教育要遵循一般的教育规律，同时又要明确理论教育相对于一般知识教育的特殊规律性。就理论教育活动过程要遵循自身的一般规律来说，就是要遵循教育行为的有序性、渐进性与飞跃性规律。具体来说，一般是从易到难，从简到繁，同时事物的发展是由量变到质变的过程，要抓住量变转化为质变的关键点，促成飞跃发展。也就是说，当理论教育达到一定量的积累时，还要不失时机地促成其飞跃发展。就理论教育与知识性教育的区别来说，它是思想观念性教育，要遵循人的思想观念形成发展的规律，即要遵循人的"知、情、意、信、行"矛盾运动规律，从而依次展开晓之以理、动之以情、导之以行的教育活动。但是，这种链式关联关系的建立也具有一定的灵活性。因为，主体要确保实践活动的成功，不仅要遵循客观规律，还要充分发挥主观能动性。大学思想政治教育链是对思想政治教育规律的认识的具体化、形象化的表达。那么，在其建构实践中，主体既要遵循客观规律，也要充分发挥主观能动性。

三、增强思想政治教育链建构的实践意识

马克思曾指出："批判的武器当然不能代替武器的批判，物质力量只能用物质力量来摧毁；但是理论一经掌握群众，也会变成物质力量。"① 他的意思是说，要改变世界，还是需要由物质的、实际的东西，思想、观念、思维是不能够代替这些物质的、实际的东西的。但是，科学的思想观念只要被人们掌握了，也能够用以指导实践，从而产生出物质的、实际的力量。而精神转化为物质的前提是付诸实践。思想观念如果不付诸实践，主观则不能见之于客观，根本无法实现精神向物质的转化。因此，主体在

---

① 《马克思恩格斯文集》第1卷，人民出版社2009年版，第11页。

头脑里形成了思想政治教育链的建构意识后，还要具有实践意识。具体来说，增强理论教育链建构的实践意识体现在两个方面：一是，提高理论教育链建构实践的自觉意识。理论教育链的建构涉及广泛的社会成员的参与，它不是靠外在压力的制约得以维系，而是主要基于各参与者的自觉性行为。也就是说，不论是理论教育链的组织者还是大学生在实践中都要自觉遵循理论教育链建构的法则。二是，树立持之以恒的理论教育链实践意识。理论教育链不是一次或短期性实践行为，它是一项长期性的庞大工程，而且其建构不论对于组织者还是对于大学生来说，都无形中增加了难度和任务量。那么，就需要各组织者和大学生具有坚强的意志力，树立持之以恒的理论教育链建构实践意识。

第二节　健全思想政治教育链的组织体系

要建立健全的思想政治教育链组织体系，必须以坚定的马克思主义信仰为纽带建立各组织成员的联系，以完整的结构组成为基础，以较高的综合素质为保障。

一、坚定思想政治教育链组织者的马克思主义信仰

思想政治教育链的建立，涉及多方教育团队、教育力量的合力与协调运作。马克思主义信仰是链接各种教育团队、教育力量的核心纽带。信仰是个体对其所认为和坚持的是其最高价值追求的对象的那种矢志不渝的执着。① 马克思主义信仰就是人们对于马克思主义理论体系体现出来的价值追求的认同、信赖及坚信，并在自身的社会实践中执着地践行。马克思主义信仰是大学生思想政治教育链的组织者开展工作的精神支柱与内生动

① 刘建军：《马克思主义信仰论》，中国人民大学出版社 1998 年版，第 1 页。

力。只有各组织者树立了马克思主义信仰，才能提高从事马克思主义理论的弘扬、宣传、教授工作的积极性、主动性与责任意识，才能推动其努力提高教育技能以促进思想政治教育的实效。值得注意的是，各组织者坚定马克思主义信仰，并非单纯地出自情感的冲动，更为重要的是基于对马克思主义理论认知后的理性认识。拉法格就曾说过，马克思是在对历史的演进历程与政治经济学的深入研究的基础上，才对马克思主义的立场、观点产生了信仰，而不是纯粹地出于对工人、农民阶级的悲惨命运的同情。①毛泽东等革命前辈也正是在研读马克思主义经典原著的基础上转变为马克思主义的信仰者。各组织者只有建立在对马克思主义理论的全面认知与认同的基础上，才能筑牢马克思主义信仰的地位，使其发自内心地、热情地去践行它、捍卫它。同时，各组织者对马克思主义的坚定信仰，要与宗教崇拜、个人崇拜区分开来，在科学理性的基础上坚持和运用其立场、观点、方法。

二、健全思想政治教育链组织体系的构成

思想政治教育链要能够链接起来，需要该链上的各要素、各环节都具备，且各司其职。而组织体系的健全则是思想政治教育链是否完整，甚至得以建立的基础。因此，要完善思想政治教育链，就需要建构起健全的组织体系。具体来说，思想政治教育链组织体系构成的健全体现在人员组成的完整和各组织者的各司其职。由于思想政治教育链的触角延伸到社会的方方面面，因此组织体系的成员涉及各方面力量，庞大而复杂。

从纵向关系角度考察，作为国家意识形态建设工作重要组成部分，大学生思想政治教育的组织体系是一个自上而下的机构关系网，包括国家层面、教育管理层面、教育实操层面。国家层面的组织者由国家政府相关部门构成，其任务是根据国家建设需要，依据大学生思想实际状况，制定大

---

① 《列宁选集》第2卷，人民出版社1995年版，第428页。

学生思想政治教育相关政策文件，决定着大学生理论教育的方向和趋势、大局，对于大学生理论教育实践起着战略领导、方向指导作用。教育管理层面的组织者由大学生思想政治教育实践活动的管理、监督，评估机构构成，其任务是依据相关方针政策，对理论教育整个过程及方向进行管理、监督，对结果展开考核再反馈到相关政府部门，起到上传下达的杠杆作用。教育实操层面的组织者由实际从事思想政治教育实践活动的工作者构成，其任务是根据国家相关政策方针及学校或相关团体部门的相关规定展开大学生马克思主义理论的施教活动，起着基础性作用。唯有国家层面、教育管理层面、教育实操层面的组织者、工作者都具备，并各司其职地展开工作，才能促成健全、完整的大学生理论教育链的组织体系的形成。

从横向关系角度考察，大学生理论教育的组织体系是由高校、家庭、企事业单位、同辈群体、大众传媒等教育主体构成。高校承担着对大学生进行马克思主义基本原理、方法体系、精神实质等具体内容的教育任务，是大学生接受马克思主义理论的系统教育的主要场所。父母、亲人也是大学生生活中获得思想政治教育重要渠道之一，而且父母的这种教育以血缘关系为纽带，对于大学生的思想政治教育能产生特殊的作用，从而促成大学生潜移默化地接受。在市场经济深入发展的过程中，校企结合办学的模式也逐渐推广，大学生进入企事业单位实习锻炼已经是大学生的学习任务之一。那么，为保证大学生理论教育的一致性、连续性，企事业单位也要对大学生展开思想政治教育实践，作为学校、家庭教育的重要补充。同辈群体通常指由家庭背景、兴趣爱好、年龄、特征等各方面非常接近的个体自愿聚集起来形成关系比较密切的群体。同辈群体现象在大学生中十分普遍，对大学生的影响也十分深刻。而且这种影响是通过潜移默化的方式实现。社会、学校组织对人们的思想观念的影响通常是有计划、有目的地进行，而同辈群体对人们思想观念的影响往往是通过成员间的互动在无意中进行的。因此，同辈群体也是大学生生活过程中接受思想政治教育的重要渠道，是大学生思想政治教育的组织体系构成之一。而一般同辈群体中都会存在主要人物，主要人物的思想观念、价值态度对整个群体产生着直接性影响，因此同辈群体的主要人物是大学生思想政治教育的重要组织者。随着互联网的推广，大众传播媒体几乎覆盖大学生生活的全过程，特别是智能手机的普及，使大众传媒的影响无处不在、无时不在。大众传媒不仅成为大学生接收信息、交流信息的重要平台，也成为大学生接受思想政治教育的重要渠道，也是大学生理论教育链组织体系的重要组织者之一。因此，唯有高校、家庭、企事业单位、同辈群体、大众传媒等教育组织者的齐心协力，才能使思想政治教育活动贯穿大学生学习、生活全过程，推动思想政治教育链的形成。

三、提升思想政治教育链组织者综合素质

在结构上健全了思想政治教育链的组织体系之后，全面提高各组织者的综合素质，是提升理论教育链整体功能的重要保障。具体来说，一是，要优化理论教育链组织者。优化理论教育链组织者主要是优化其核心理论教育组织者，即学校理论教育组织者。要通过建立严格的人才选拔制度，不断提升学校理论教育组织者的综合素质水平，从而全面提升整个理论教育链组织体系的综合素质水平。在对学校理论教育组织者的选拔方面，不仅要对其工作能力进行严格考核，而且要加强对理论教育者的信仰及政治素质的考核，最终选出德才兼备的理论教育组织者。二是，定期对理论教育者展开培训。随着知识更新换代的速度的加快，理论教育者要跟上社会发展的步伐，自身也要不断接受教育，不断充实自身，提高自身的能力。理论教育者提高自身的途径有自我不间断的理论教育和接受外界的理论教育。应该组织各种针对家庭、学校、社会等理论教育者的理论培训活动，让其都能够接受到与时俱进的理论知识教育。

第三节 完善思想政治教育链运行机制

思想政治教育链的运行需要有科学机制加以保障，要完善思想政治教育链，就需要对其运行机制加以优化。

一、增强思想政治教育链动力机制的动力源泉

思想政治教育链的动力机制是思想政治教育链形成与运行中的动力产生、发展、作用的机理。该动力机制的提升在于增强其动力源泉，那么就要激活分力的活力、提升分力的开放性以及加强各个分力之间的整合性。

理论教育链的动力机制的形成与运行在于各个分力的相互协调运作。要使动力机制得到良性运行发展，首先就要激活各个分力的活力。没有各个分力的活力，就没有它们相互协调运作形成的合力与动力，也就不存在动力机制的优化。具体来说，激活各个分力的活力，也就是要增强参与成员对理论教育链的需求度。具体来说，可以通过以下两个方面着手：一是，增强各成员对理论教育链价值的认识。人的行为与动物的行为的区别在于人的行为的有意识、有目的性。人的实践不仅遵循科学规律，而且符合自身的价值需求属性。马克思认为，价值就是外界物对于人的需要的满足的效益属性。① 只有使各成员对理论教育链的自我需求的实现、满足具有清晰的认识，才能够激发各成员参与实践的活力。二是，提升各成员的理论教育链建构的实践能力。各参与成员在对理论教育链的价值具有清晰认识的基础上，要充分、有效地发挥其建构理论教育链的能力。理论教育链的建立与运行不仅在于各个成员做好其相应的任务，完成系统的子目标，还要强调各成员之间的相互沟通、协调运作；不仅要关注自我承担的

① 《马克思恩格斯全集》第19卷，人民出版社1963年版，第409页。

实践部分，而且要重视其他部分的发展情况。这无疑为各个成员增加了实践任务与完成难度，这样就需要提升各个成员的实践能力才能使各个分力的活力得到充分、有效发挥。

在提高各个分力的活力的基础上，还要加强各个分力之间的协调运作。而加强各个分力之间的协调运作，就在于加强各个分力之间的依存性、融合性、渗透性，那么，就需要提升各个分力的开放性。只有各个分力在保持独立性的基础上又具有适当的开放性，才能够实现功能不同的各个分力之间的协调运作。具体来说，提升各个分力的开放性体现在两个方面：一是，理论教育链内部各个分力之间的开放性的提升。理论教育链是由多个成员、多个因素、多个环节构成，也是由内部的多个分力的协调运作得以形成与运行。各个分力并非孤立地对理论教育链的形成与运行发挥作用，而是通过相互协作、相互促进、相互依存的方式对理论教育链产生作用。那么，要使各个分力之间的关系紧密起来，就需要提升各个分力的开放性。例如，在具体的思想政治教育链中，教育者与教育对象只有彼此打开心扉，建立良好的互动关系，使双方紧密联系在一起，才能够推动教育者的教育理想实现与教育对象的理论收获两个分力协调运作，构成理论教育链运行的强大动力。二是，理论教育链与系统外部环境之间开放性的提升。理论教育链不是一个固定不变的体系，它是一个不断生长拓展的链式系统，这个链条的拓展延伸运动，在于不断地适应、容纳外部系统。其适应与容纳外部系统的过程是通过自身系统与其他系统的交叉发展得以实现的，这种交叉发展就在于提高理论教育链与其他系统的开放性。

思想政治教育链的动力机制运行的目的在于使各个分力有序结合成为合力推动理论教育链良性运作。因此，优化理论教育链的动力机制不仅强调要激活各个分力的活力以及提升各个分力的开放性以促进各个分力之间的依存性、相关性、合作性，还在于增强各个分力的整合性。由于受主客观条件的影响，各个分力在大小、方向上是各异的，而要使它们得到统一协调运作，只有通过整合行为，才能使各种分力得到聚合，朝着统一的方向发挥作用。毛泽东就曾说过，弹钢琴的时候，十个手指头都要用上，但是，十个手指头并非同时都按在键盘上，在按键盘的时候要有节奏地按，就是强调手指头间要相互配合、协作，只有这样才能够弹出美妙的音乐。①因此，只有通过统筹整合各个分散的、多样化存在的分力，才能够使各个分力由分散到集中、由多样到统一、由分化到融合地发展，从而形成大于个体力量之和的整体性力量。具体来说，可以从以下几个方面着手，提高各个分力的整合性。一是，增强各个分力的共同目标意识。增强各个分力的共同目标意识，在于统一各个分力的方向。当理论教育链的各参与人员意识到自我的行为是作为整体实践的一部分，他便会自觉地调整自我需要、行为来适应整体的发展。使其行为在方向上保持一致，是各个分力进行整合的前提。二是，提升各个分力关系的和谐性。和谐对于系统组织的发展具有重要作用，能够激发各个分力的活力，同时，在一定程度上消解和避免冲突和矛盾。各个分力之间关系的和谐性有利于提升其整合性。

二、坚持思想政治教育链沟通机制的沟通原则

为确保思想政治教育链的形成与运行，需要建立良性循环的沟通机制，那么，就要坚持相应的沟通原则。具体来说，应该从以下三个方面着手。

首先，坚持沟通渠道的完整性与顺畅性原则。思想政治教育链各组织间关系的确立、信息的传递与交流以及感情的培育依托于沟通机制的建立，为确保思想政治教育链的形成与运行，首先要确保各个层面的沟通实践的建立，也即要确保思想政治教育链的沟通渠道的完整性。完整的沟通渠道，是思想政治教育链各组织关系建立与各环节运行的硬件条件。思想政治教育链完整的沟通渠道，不仅包括教育者与教育对象之间的沟通渠道，还包括学校、社会、家庭之间的互动沟通渠道，大学各个阶段以及参

① 《毛泽东选集》第4卷，人民出版社1991年版，第1442页。

与工作岗位以后的沟通渠道等。思想政治教育链沟通渠道的完整性在于各个层面的组织者的健全，而沟通渠道、沟通实践的展开，又会使各个层面的组织者之间的关系得到确立与稳固。思想政治教育链沟通机制的有效运行不仅在于沟通渠道建立的完整性，还强调沟通渠道的顺畅性。只有顺畅的沟通渠道，从而确保信息流通的顺畅，从而增强沟通者之间的情感交流。保持沟通渠道的顺畅，就要建立分化程度较高的沟通结构关系网，也就是要通过多个沟通渠道、沟通平台和多样化沟通方式、手段进行沟通实践；在选择沟通方式、手段的时候也要注意灵活性原则，根据信息内容采用适当的沟通手段、方式。

其次，坚持沟通实践的经常性与及时性原则。思想政治教育链的沟通实践的经常性要求就是要求提高沟通实践发生频率，这是基于两方面的原因。一是，人的思想的复杂性。思想政治教育链的目标是要培育大学生的马克思主义人生观、世界观、价值观，但人的思想观念的形成并非一朝一夕之事；而且人的思想是复杂的，它内在于人脑，无法直接观察、把握，只能通过个体的日常言行加以观察、总结。加之，外界环境复杂多变，人的思想也容易受到不良环境的侵蚀，那么，就离不开理论教育的经常性沟通，随时了解动态、情况，适时做出调整。二是，社会交往原理。通过思想政治教育链的经常性沟通，能够增强各组织者之间的联系，深化各组织者之间的感情，从而为信息流通创造良好的氛围和平台。例如，在具体的思想政治教育中，教育者与教育对象通过经常性沟通建立了彼此信任的教育氛围，那么，自然有利于教育者的施教与教育对象的受教过程的推进。确保了沟通实践的经常性，还需要沟通实践的及时性。沟通的及时性强调的是沟通的时机，是基于信息的时效性价值。人的思想的复杂还在于其多变，思想信息交流的时间越长，实效性就越弱。沟通的及时性要求遇到恰当的时机时，要抓住机会，进行因势利导的沟通，这样会事半功倍；同时，也要求当出现问题的时候，及时发现问题，经过沟通，及时做出调整，从而最大限度地降低不利影响。

最后，坚持沟通过程的主导性与平等性原则。思想政治教育链看似一个自组织系统，各个要素、各个环节都依序发挥作用。但在这个系统内实际上存在主导的一方。主导的一方控制着理论教育链的方向、进程等。在沟通的过程中，主导一方是沟通的发起者，方向、进程、模式的选择者和效果的监督者。例如，在教育者与教育对象之间的沟通实践中，教育者就是主导者，他具有提升沟通吸引力、影响力的责任，也有把握沟通方向、进程的义务。在坚持沟通的主导性的同时，还要强调沟通的平等性原则。沟通的平等性原则指沟通过程中沟通双方地位的平等，互相要尊重彼此的人格、情感、思想。只有建立在平等地位的沟通，才能够使对方以诚相待，从而建立起良好的沟通氛围，促使沟通实践得以进行。沟通的主导性并非否定沟通的平等性，沟通的主导一方一方面要发挥自身的主导作用，控制好沟通的方向、进程；另一方面也要积极地鼓励对方主动地参与沟通实践，推动沟通的有效进行。

三、加强思想政治教育链协调机制的协调行为

要确保思想政治教育链协调机制的顺利运行，就必须使协调行为贯穿思想政治教育链的形成与运行的始终，也就是必须加强设计层面、运行过程、反馈层面的协调行为。

要使思想政治教育链系统内部各要素、各环节之间以及与外部环境之间相互协调运作，那么，在理论教育链的设计层面要进行资源合力配置的协调行为。设计层面的协调行为应该注意以下几个方面：一是，以统一目标实现为纽带。各要素、各环节相互联系、相互协作的关键在于目标的一致性。那么，以各要素、各环节的目标的一致性为纽带是协调各要素、各环节的运行过程中方向和行为的前提。而思想政治教育链结构关系的建构在于各组成成员的各司其职。也就是说，要使各要素、各环节的目标保持一致，就需要各组成成员确立统一的目标。以共同的目标为指引和激励，确保理论教育链运行过程中各要素、各环节自觉进行协调。二是，以理论

教育链组织成员间的相互信任为支撑。实际上思想政治教育链的建立在于各组织成员的相互协作，而相互协作的基础除了具有共同的目标之外，还要求组织成员间具有深厚的信任感。只有各组织成员之间建立了信任，他们才会相互配合、相互协调。三是，以信息共享为依托。理论教育链的协调机制的运行在于各组织成员之间信息的流通，使各组织成员获得其他环节发展的状况以及明确自身应该做出何种调整。信息的流通在于信息的共享，也就是说，要建立顺畅的沟通渠道，使各组织成员能够及时了解理论教育链系统内各部分的发展变化。在设计层面的协调行为中，就是要建立适当的信息共享机制，确保理论教育链运行过程中协调行为的实施。

从设计层面施展协调行为是理论教育链的运行的前提与准备。运行过程中的持续性协调行为则是确保理论教育链各要素、各环节平衡发展、协调划一的重要保障。理论教育链运行过程中的协调，一方面靠各组成成员的人为协调，即决策层通过政策、文件的制定进行方向协调，管理层通过规章、制度等的规范性协调，操作层面通过具体的内容、方法、手段的调整，进行实况协调。另一方面，依靠理论教育链自组织运行过程中的自我维持、自我协调功能的发挥。但人为协调层面较之于理论教育链自组织的自我协调能力来说，更加具有主动性、可控性。理论教育链自组织的自我协调能力的发挥也在于各方面协调运行的基础上提升正相关运行，如果出现巨大的、突发性的不可控情况，还要依靠人为层面的协调行为。为了提升运行过程中总的协调行为能力，应该从以下几个方面着手：一是，保持协调的动态性。也就是说，协调并非一次性行为，要持续不断地进行协调。整个协调贯穿于理论教育链运行的始终。协调的动态性原则就要求各组成成员不仅要关注自身的方向、目标、行为，而且也要关注相关方面的发展情况，然后在对比过程中，适时地调整自我的行为。例如，在具体的思想政治教育中，教育者在施教环节要时时关注教育对象的反应，根据教育对象的反应对自我的教育内容、方法、载体等做出相应的调整，只有这样才能够保证教育对象内化与外化环节的运行。二是，注重协调的时机性。在理论教育链运行过程中保持协调的动态性，关键在于把握协调的时机性，在恰当的时机做好协调工作，能够使协调行为取得事半功倍的效果。理论教育链的运行实践本身来说是一个各要素、各环节协调发展的过程，但矛盾、冲突的存在是避免不了的。在整个平衡发展的过程中，矛盾、冲突的出现具有突发性、偶然性。那么，就要求各组成成员在矛盾、冲突出现的最短的时间内及时地施加协调行为，因为抓住最佳协调时机，协调的难度会越小，反之则协调阻力增大。三是，保持协调的适度性。唯物辩证法认为，任何事物的发展都有度的界限，事物只有在其适当的度的范围内才能够得到最优的发展。在理论教育链运行过程中施加协调行为，也要注意协调的适度性，如果协调的力度不到位，则起不到理想的作用，但如果协调的力度过大，则会带来物极必反的后果。因此，在协调的过程中要保持适当的张力。也就是说，不能追求绝对的平衡、和谐，要使各要素、各环节的平衡保持在一个度的范围，适当的张力是事物发展的动力。四是，协调的灵活性。各组成成员在施加协调行为的时候，也要善于运用协调的艺术、技巧，保持协调的灵活性。也就是说，在协调的实际过程中，要根据实际情况采取多种协调方式、方法，综合施加协调。

反馈通俗地来讲就是在对象化行为后所接收到该行为所产生的效果，反馈的作用就是要“根据过去的操作情况去调整将来的行为”①。在理论教育链中存在两个层面的反馈：一方面，指过程中的反馈。理论教育过程并非单向行为，而是双向互动行为，在过程中任何组成成员的行为都会得到一定的信息反馈，而各组成成员的协调行为的发生很大程度上也依据反馈信息的获得；另一方面，指结果反馈，即运行过程结束时候的效果反馈。应该说反馈是保证和维持事物发展的方向朝着预期目标发展的重要手段。因此，不仅要加强设计层面、运行层面的协调行为，而且也要加强反馈层面的协调行为。过程层面的反馈和结果层面的反馈的结果通常有两种

① ［美］维纳：《控制论》，郝季仁译，科学出版社1963年版，第16页。

情况出现，一种是反馈的结果以良性的形态存在，也就是说各方面朝着预期的方面发展，那么，就不需要施加协调行为。另一种则是反馈结果以恶性的形态存在，也就是各要素、各环节存在着不和谐状态，理想目标未实现，那么就需要展开及时的协调行为。但应该注意的是，这个协调并非前一协调手段的简单重复，而是在总结经验教训的基础上具有更高适应性的新的协调手段。

四、把握思想政治教育链整合机制的整合要点

思想政治教育链的整合性程度关系着其整体性功能的发挥，要提升其运行质量，就有必要对其整合机制进行完善优化。具体来说，完善思想政治教育链的整合机制的要点在于两个方面。

一方面，把握整合与分化之间的关系。整合是相对于分化而言的，只有在分化的基础上才能够谈及整合和施展整合行为。应该说整合与分化是对立统一的关系。思想政治教育链以其整体性发挥作用，强调对各部分、各要素、各环节的整合，使其在方向、目标及行为上保持一致性和相互协作。但整合也非追求绝对的一致和平衡，在追求平衡的过程中要把握好一个度，要保持适度的张力。具体来说，处理好整合与分化之间的关系需要注意三点：一是，整合的适用性。整合是需要费力、费功夫的任务。整合的目的是为了追求利益的最大化。因此，整合机制还必须遵循注重效益的原则。也就是要使系统要素配置合理有效，避免相互消耗。二是，整合的灵活性。在不违背整体运行方向的情况下，在适当的范围内允许存在各自特征和不平衡性，也即要强调整合的灵活性。三是，在目标一致的情况下，强调方法的多样性。也就是说，要在多样性的基础上追求整合。各个领域的教育组织、主体的出发点不同，它的教育方法、表达方式也不同。只要目标是一致的，那么整合方法就可以是多样的。

另一方面，注重人为整合与子系统自主整合相结合。思想政治教育链的整合机制的实施依托于人为整合和理论教育链系统自组织整合。人为的

整合主要是通过理论教育链的组织者加以实施。例如，具体的思想政治教育链运行阶段的整合机制的发挥，关键在于教育者的掌控能力。在此过程中，教育者是组织和开展教育活动的主导者、实施者，对于教育的方向、效果都起着重要作用。教育者要根据教育目标，并在教育开展的环节中，根据教育反馈实际地调整教育计划、教育活动，从而保障思想政治教育链的健康运行。在强调思想政治教育链的组织者的整合行为的同时，也要注重其自组织的整合功能。要通过思想政治教育链的运行，自主调整各要素、各环节的方向、行为，使其保持一致性和协作性、整体性。

五、抓住思想政治教育链延伸机制的延伸关键

完善思想政治教育链延伸机制有利于理论教育链的延伸拓展，增强理论教育链的整体功能。具体来说，在理论教育链延伸机制完善优化过程中要坚持结构延伸与内涵延伸相统一、内部延伸与外部延伸相并举及渐进延伸与飞跃延伸相协调。

第一，坚持结构延伸与内涵延伸相统一。思想政治教育链的结构延伸是指其在空间和时间两个维度的延伸。理论教育链空间层面的延伸强调其对于空间占据的完整性。“空间绝不仅仅是事物存在的场所”，它还“具有场域与意义、虚拟与现实、整合与组分、均衡与创新的多重社会意蕴”①。也就是说，空间不仅仅是地域划分的空间，它还包括观念层面、虚拟层面的空间。思想政治教育实践互动贯穿大学生学习、生活全过程，那么思想政治教育链就要渗透和延伸进各种空间，不仅包括实体层面的空间，而且包括虚拟、观念层面的空间。例如，在具体的思想政治教育链中，强调教学运行空间、思想交流空间、实践活动空间之间的延伸，使理论教育链的空间领域紧密衔接起来。理论教育链时间层面的延伸强调其对于时间占据的完整性。具体来说，主要表现为两个方面：一是，强调各环节之间衔接

① 张哲:《思想政治教育空间论》，兰州大学博士学位论文，2015 年。

时间的紧密性。理论教育链是以过程的形式存在和发展，各环节之间的作用关系体现着时序性，前一环节是后一环节开始的准备，后一环节是前一环节的继续和发展。而它们之间接续的时间越短，这种衔接性越强，越有利于理论教育链的整体性发展。例如，教育者的教育准备环节与教育实施环节在时间上接洽得越快，那么，理论教育者的教育准备环节对于教育实施环节的意义越重大，而教育实施环节效果越好也是对教育准备环节价值的实现。二是，强调理论教育链的延续性发展。就理论教育链本身以过程的形式存在和运行来说，延续性发展是它的内在要求。也就是说，大学生思想政治教育活动过程链并非终结于教育对象的外化实践，而是要进行持续性跟踪教育，敏捷开始下一轮的理论教育活动过程。思想政治教育链的内涵延伸是强调“质”的延伸。任何事物、系统的发展都是从无序到有序、从低级到高级、从弱到强的有序转化过程。理论教育链作为一个系统仍然遵循这样的发展规律。那么，不仅要强调理论教育链结构层面的延伸拓展，而且要强调其在“质”层面的延伸，使其功能不断得到提升。

第二，坚持内部延伸与外部延伸相并举。唯物辩证法认为，事物的发展是内部矛盾与外部条件影响作用的结果。内部原因是事物发展的根本动力。外部原因是事物发展的不可或缺的重要条件。因此，既要重视内因的决定性作用，也要重视外因的影响、阻碍或助推作用。也就是说，理论教育链在强调内部延伸、强大自身的时候，也要强调与外部环境的相互作用。具体来说，就是要坚持内部延伸与外部延伸的并举。如果只重视内部延伸，忽视对外的开放性，内部延伸就得不到一个好的外部环境。如果只重视外部延伸，不重视内部延伸，不从内部强大自身，也不能很好地适应外部环境发展。因此，既要重视内部延伸，又要重视外部延伸。

第三，坚持渐进延伸与飞跃延伸相协调。理论教育链运行过程是螺旋式上升过程，每次上升都意味着一次飞跃性的发展，但飞跃性的发展的前提是有足够量的积累。因此，理论教育链在运行中要遵循渐进延伸与飞跃延伸相协调原则。具体来说，在渐进延伸阶段，要遵循量的积累原则，循序渐进，切忌拔苗助长。不等到条件成熟，无法实现跨越式延伸。在飞跃延伸阶段，要注重等量的积累到一定程度的时候，就一定要实现跨越式发展。另一方面要注重跨越式发展的时机，在恰当的时机可以通过跨越式飞跃发展，节约发展时间进程。

第四节 优化思想政治教育链运行环境

思想政治教育链是在一定的环境中建构和运行的，离不开与环境的相互作用。要完善思想政治教育链，就需要对其建构和运行过程中所处的社会环境、教育环境及网络环境进行优化。

一、优化思想政治教育链运行的社会环境

思想政治教育链运行的社会环境是指对思想政治教育链各要素及其建构与运作实践产生影响的一切社会因素的总和。社会环境是思想政治教育链的宏观环境，对于思想政治教育链运行起着整体层面的影响。优化思想政治教育链运行环境，首先要优化思想政治教育链运行的社会环境，确保其在一个健康的大系统中运行。具体来说，优化思想政治教育链运行的社会环境，表现在对经济环境、政治环境、文化环境及大众传播环境等的优化。

（一）优化思想政治教育链运行的经济环境

思想政治教育链运行的经济环境是指对思想政治教育链各要素及其建构与运作实践产生影响的一切经济因素的总和。它包括该社会形态的生产力状况、经济制度以及人们的经济生活条件等。经济环境对于思想政治教育链的建构与运行起着决定性作用。具体来说，当下应该从以下四个方面加强对思想政治教育链经济环境的优化。一是，大力发展生产力，创造必要的物质条件。生产力的状况及发展决定着社会所有方面的发展，提高生

产力是优化思想政治教育链经济环境的根本之举。党的十八大报告指出，“以经济建设为中心是兴国之要，发展仍然是解决我国所有问题的关键”。就我国目前的经济发展水平来说，还相对落后，贫富差距较大、经济发展不平衡等问题仍然存在。因此，还需要大力发展经济，创造更多的物质财富，奠定更为坚实的物质基础，使人们能够过上稳定、和谐的生活，这样才能体现社会主义的优越性，坚定人们走社会主义道路的信心，为实现共产主义理想，创造必要的物质条件，从而形成有利于思想政治教育链运行的经济环境。二是，巩固公有制为主体的经济制度，坚定社会主义的经济基础。正如马克思恩格斯所强调的，每个时代的政治、法律、道德等上层建筑都是建立在经济基础之上的。① 只有巩固公有制经济的主体地位，才能巩固马克思主义的指导地位，坚持社会主义制度，为思想政治教育链运行提供坚实的经济环境。但巩固公有制的主体地位，并非单一地发展公有制经济，而是要正确处理好政府与市场的关系，在坚持公有制经济的主体地位的基础上，全面激活市场中各种经济力量，推动公有制经济与非公有经济的协调发展。三是，促进市场经济健康发展，创造良好的经济活动环境。良好的经济秩序能够促进经济的健康快速发展，也能够为思想政治教育链提供良好的氛围。当下市场经济体制发展不健全与不完善，在经济活动过程中，不乏拜金主义、功利主义以及各种违法行为存在，这对于思想政治教育链的形成产生了强烈的冲击。因此，要采取有效手段，建立以法治为基础的有序、健康的市场经济环境，为思想政治教育链的运行提供良好的经济活动环境。四是，促进分配制度公平发展，建立和谐利益关系。经济分配制度与人的经济生活条件密切联系，而经济生活条件又直接影响着人的思想观念。通常情况下，经济生活条件好会促进人们对社会主义经济、政治、文化制度的认同。那么，要提高人们的经济生活条件，除了发展生产力，坚定公有制为基础的经济制度和优化市场经济体制外，还需促

① 《马克思恩格斯文集》第 9 卷，人民出版社 2009 年版，第 29 页。

进分配制度公平发展，从而建立和谐的社会利益关系，优化思想政治教育链运行的经济环境。

（二）优化思想政治教育链运行的政治环境

思想政治教育链运行的政治环境是指对思想政治教育链各要素及其建构与运作实践产生影响的一切政治因素的总和。“它包括政权的性质、政治制度、政治体制和政治思想、政治准则等。”① 政治环境对思想政治教育链的各要素及其建构和运行都产生着重要的影响。具体来说，优化思想政治教育链运行的政治环境需要从这几个方面着手：一是，坚持中国共产党的领导地位。社会政治、经济、文化各方面的发展需要政党的领导和统一管理。中国共产党是代表广大群众根本利益的政党。只有以中国共产党为领导，才能够凝聚全社会的力量，有效地在马克思主义的指导下，进行社会主义现代化建设。这样也才能牢牢构筑思想政治教育链运行的政治环境。二是，落实人民当家作主。人民当家作主是社会主义国家区别于资本主义国家的关键所在。人民当家作主就是要在中国共产党的领导下最大限度、最广泛地动员群众参政议政，使他们实现以主人翁身份管理国家各项事务的权力。只有真正落实人民当家作主的权力，才能增强人民的主人翁责任感，营造开明、积极的政治环境，促进人民对国家政治制度的认同和认可，从而为思想政治教育链运行提供良好的政治氛围。三是，推进依法治国实践。法治是治理国家的基本手段和有效方式。只有依法治国，才能推进国家治理社会事务的有据可依，确保人民当家作主的地位，稳定社会秩序。思想政治教育链运行需要在一个稳定、和谐的环境中进行，依法治国能够为其创造良好的政治环境。因此，要全面推进依法治国实践。

（三）优化思想政治教育链运行的文化环境

思想政治教育链运行的文化环境是指对思想政治教育链各要素及其建构与运作实践产生影响的一切文化因素的总和。文化环境往往对思想政治

---

① 印伟光、张耀灿：《思想政治教育学原理》，高等教育出版社 1999 年版，第 150 页。

教育链产生隐性的、潜移默化的影响，因此，完善思想政治教育链，必须加强对文化环境的优化。具体来说，优化思想政治教育链的文化环境主要从以下三个方面展开：其一，加强马克思主义中国化、时代化、大众化实践。文化世界影响着人们思想观念、价值体系的形成与建构。马克思主义要与我国的悠久的传统文化相融合，必须本土化、中国化。用中国的文化去解读它、表达它。为了适应时代的发展，还必须用时代发展的眼光去解读和发展它。要稳固它在意识形态领域中的主导地位，还必须推动其大众化进程。二是，推动中国特色社会主义理论体系进教材、进课堂、进头脑，增强中国特色社会主义理论自信。中国特色社会主义理论体系是中国共产党领导集体在马克思主义思想的指导下，在长期社会革命与建设过程中逐渐形成的关于社会建设发展的科学理论，它是马克思主义中国化的成果体现。要坚定思想政治教育链建构的积极性，就要对这一最新成果产生自信。因此，要推动中国特色社会主义理论体系“三进”实践，增强大学生的认知，从而产生情感认同。三是，积极培育和践行社会主义核心价值观。全球化进程的加剧，各种思想文化交融交锋下，各种价值观念相互碰撞，社会呈现多元价值交织的常态。加之，西方利用各种社会思潮对我国人民实行和平演变。因此，加强社会主义核心价值观培育实践对于巩固马克思主义意识形态的主导地位具有重要意义，为思想政治教育链的运行提供具有正能量的文化环境。

（四）优化思想政治教育链运行的大众传播环境

思想政治教育链运行的大众传播环境是指对思想政治教育链各要素及其建构与运作实践产生影响的大众传播媒介、传递的信息及形成的社会舆论等因素的总和。当下，以计算机、手机为主的大众传播媒介已经成为人们获取、交流信息的主要渠道和平台。而大众传播在信息传播的过程中会形成社会舆论效应，这种舆论对于人的思想观念会产生重要影响。正面舆论会带给人以正能量，负面舆论则相反。要完善思想政治教育链，就需要优化大众传播环境，强化社会正面舆论和净化负面舆论。具体来说，应该从以下几个方面着手：一是，在内容上要加强主流意识形态宣传，坚定意识形态领域内马克思主义的主导地位。要发挥主流传媒的主导地位，大力宣传主旋律、主流意识形态，但是要注意传播方式的柔性化，使影响潜移默化、寓教于乐。二是，在手段上要加强对大众传播媒体的监管力度，净化舆论环境。要从政府部门监管、大众自觉监督两个层面展开对大众传播媒体的管理，消除消极的、落后的、错误的信息，净化舆论环境。三是，出台相关媒介政策法规，保障大众传播媒体运行的健康有序。要确保大众传播媒介的有序运行，还需要有相关的法律法规政策的出台来对大众传播媒介的运作流程、工作机制加以约束和管理。

二、优化思想政治教育链运行的教育环境

教育环境对于思想政治教育链运行具有较为直接、密切的影响。大学生主要通过学校、家庭、企业、社区、同辈群体等渠道接受教育，那么，优化教育环境主要是针对上述各个方面构成的环境。其中，学校、家庭和企业教育环境对思想政治教育链的影响更为密切，在此，仅对此三种教育环境的优化路径展开研究。

（一）优化思想政治教育链运行的学校教育环境

思想政治教育链运行的学校教育环境是指在学校这个场域内，对思想政治教育链各要素及其建构与运作实践产生影响的一切教育因素的总和。学校是大学生接受马克思主义理论最为集中、效果最突出的场所，学校教育环境对于思想政治教育链的建构与运行具有重要影响。优化思想政治教育链运行的学校教育环境需要从以下三个方面加以展开：一是，加强马克思主义理论主渠道教育。大学生主要依托“基础”“纲要”“概论”“原理”等课程展开马克思主义理论学习。只有加强马克思主义理论主渠道教育，才能扩大马克思主义理论的影响，从而有效形成思想政治教育链。二是，增强思想政治教育的校园文化建设。寓思想政治教育于校园的各种文体活动、建筑物雕像、精神风貌等文化中，营造出有利于思想政治教育链

运行的氛围。校园文化建设是学生接受思想政治教育的第二课堂，能够确保大学生从课堂到日常生活的教育学习的一致性，保持教育的有效性和权威性，从而通过这种文化的熏陶感染效果，使大学生在潜移默化中接受思想政治教育。三是，加强党团组织的思想政治教育。通过党员的先锋模范带头作用影响和激励大学生接受思想政治教育，开展丰富多彩的党团组织活动丰富大学生的马克思主义理论学习实践。

（二）优化思想政治教育链运行的家庭教育环境

思想政治教育链运行的家庭教育环境是指在家庭这个场域内，对思想政治教育链各要素及其建构与运作实践产生影响的一切教育因素的总和。以血缘为纽带建立的家庭，是人接受教育的第一场所。家庭开展的思想政治教育也由于家长与孩子之间天然的血缘感情纽带，有着其他教育无法匹及的权威性、易接受性、潜移默化性。因此，完善思想政治教育链需要优化家庭教育环境。具体来说，主要从以下几个方面着手：一是，通过父母的以身示范加以影响。马卡连柯认为，“一个人将成为什么样的人，主要看你五岁以前使他们成为什么样的人”①。父母就是孩子的第一任老师，承担着孩子的启蒙教育。在孩子成长过程中，父母的言行对孩子产生着直接或间接的影响，而且经过长期的相处使父母与孩子之间建立了深厚的感情，也使父母的言行更容易对孩子产生影响。因此，父母首先要树立科学的马克思主义信仰，并在实践中自觉践行，为孩子树立榜样，起到示范作用。二是，通过和谐家庭氛围的营建，保持学生的健康的心态。健全的家庭结构、和谐的家庭关系、民主的家庭作风能够使孩子保持健康、开朗、乐观的性格。马克思主义理论是关于社会建设、发展的科学理论，寄托着实现共产主义的美好愿望。学生只有具有乐观、积极、向上的心态，才能够促进思想政治教育活动的有效展开。因此，要优化思想政治教育链的家庭教育环境，还需要构建健康和谐的家庭氛围，养成孩子健康心态。三

① ［苏联］A·Γ·特尔·盖文江：《马卡连柯的生平及其教育学说》，张章立译，译文书局1950年版，第98页。

是，通过家庭聚会，进行思想交流。父母是孩子最为亲近的人，父母也是最为关心、关注孩子思想状况的人。定期的家庭交流活动，能够使父母第一时间掌握孩子的思想状况。当孩子的思想走入歧途的时候，父母应该及时加以引导；当孩子思想取得进步的时候，父母应该加以鼓励，给予孩子信心。但关键是要促进家庭聚会中思想交流的艺术性，使孩子能够在轻松的氛围下表达自己最真实的想法和思想观念。

（三）优化思想政治教育链运行的企业教育环境

思想政治教育链运行的企业教育环境是指在企事业单位这个场域内，对思想政治教育链各要素及其建构与运作实践产生影响的一切教育因素的总和，包括企事业单位的精神风貌、党组织的思想政治教育活动、人际交往关系等。大学生在大学阶段接受理论与技能学习的目的是要为将来的工作实践练就本能和做好知识准备。为了更好地适应和融入社会工作，衔接好学校学习与社会工作，使办学更有针对性，学校一般在大三下学期、大四上学期都会组织学生参加相关企事业单位的实习工作。而这些实习单位就是学生初入社会，接受熔炉考验的平台。在这个实习环节中，学生要经历从单纯的校园生活到复杂的社会人际关系生活的转变，是从理论学习到实践运用的转变。这个实习环节是学生人生生涯的重要转折点，对于学生的思想观念、人生态度等都产生着重大作用。那么，优化思想政治教育链运行的企业教育环境对于理论教育链健康运行至关重要。具体来说，应该从三方面入手：一是，加强企业党组织的思想政治教育工作。企业党组织要定期开展思想政治教育活动，展开马克思主义理论宣传教育，做好员工们的思想引领工作，这也是大学生马克思主义理论学习的重要渠道。二是，构建和谐的人际交往关系。工作环境中的人际关系往往带有目的性、利益性，对初入社会的大学生来说，很容易给其心理带来伤害，使其变得消极，形成不健康的人际关系观，从而影响其心理健康。为了确保大学生具有积极、向上的拼搏精神，应该尽可能单纯化人际关系，建立和谐友善的人际交往环境。三是，营建积极向上、健康的企业精神氛围。企业的精神风貌、精神氛围直接影响着大学生的精神状态。企事业单位应该通过企业文化、文娱活动等方式表达健康向上的精神面貌。

三、优化思想政治教育链运行的网络环境

思想政治教育链运行的网络环境是指对思想政治教育链各要素及其建构与运作实践产生影响的一切网络因素的总和。要完善思想政治教育链，离不开网络环境的优化。具体来说，可以从以下三个方面加强。一是，加强网络意识形态安全。西方国家往往利用网络向我国人民传播其价值观念、意识形态，这极大地威胁着我国意识形态安全，我们对于这种“没有硝烟的战争”要时刻警惕。那么，就要在网络上加强思想政治教育渠道建设，牢牢坚定马克思主义的思想指导地位。二是，完善网络社会治理体系。既要利用先进的技术和精良的装备对网络环境进行监管，净化网络环境；又必须不断规范各项网络安全规章制度，做到有法可依、有法必依，营建网络社会交往的良好秩序。三是，做到线上与线下的一致性。互联网构建的虚拟社会已经与人们生活交往的现实社会紧密相联，不可分离。那么，要确保大学生在现实社会环境中接受的思想政治教育与网络的虚拟实践保持一致性，否则，会给大学生的思想带来较大冲击。

第五节　加强思想政治教育链理论研究

恩格斯曾指出，“一个民族要想站在科学的最高峰，就一刻也不能没有理论思维”①。思想政治教育链理论研究是开展理论教育链建构与运行实践的理论基石。对于思想政治教育链这样的新命题、新实践、新问题，要想取得突破性进展，首要前提是加强理论的科学研究。

---

① 《马克思恩格斯文集》第9卷，人民出版社2009年版，第437页。

一、加强思想政治教育链理论研究环境建设

环境氛围对于思想政治教育链理论研究者具有重要影响。一般而言，在良好的环境氛围下，能够促进广大研究者的研究热情和积极性。那么，要加强理论教育链的研究环境建设，为广大研究者提供宽松舒适的研究环境。具体来说，应该从以下两个方面着手：一是，加强政策设计，提供方向引导。思想政治教育链理论研究要保持科学性，必须以一定的政策文件为向导。理论研究政策一般由中央或各级政府相关部门组织设计，政府部门控制的社会资源较多，掌握的社会信息较全面、充分，往往其做出的决定代表社会发展方向，符合社会发展规律，因此，能够为理论研究者的理论研究提供研究方向指导。此外，相关政策文件的出台，也表明国家层面对于思想政治教育链理论研究的重视，由于其权威性、号召力较强，自然容易提高广大理论研究者参与该课题理论研究的积极性。值得注意的是，政策设计要注意内容的科学性、全面性、可操作性与政策落实责任制建设。只有内容的科学才能够为理论研究工作提供正确的方向引导；只有内容的全面、可操作，才能够发挥政策的实际运用价值；而只有制定相关的政策落实责任制度，才能够使政策思想从文件落实到实践，成为服务理论研究者研究工作的重要保障。二是，加大资金投入，提供物质支撑。资金保障是大学生理论教育链研究的硬性条件。理论教育链研究工作的展开需要耗费一定的人力、物力、财力，增强资金投入是保证思想政治教育链理论研究顺利进行的物质前提。进行理论教育链的研究不能只是待在书斋里面，自编自导，需要走出书斋进行广泛而深入的实地调研，以占有大量的鲜活素材为基础，而这些实践活动的开展都离不开必要的资金花费。此外，从事理论教育链的研究者也需要一定的工作条件和物质鼓励，如基本的工作场地、必要的科研设备、个人的酬薪待遇以及一定的科研奖励等，都需要一定的资金作为物质基础。因此，增强思想政治教育链理论研究，需要制定相应的优惠政策，增加资金投入。具体来说，可以从加大政府部

门以及各级高校的资金投入，积极鼓励企事业单位、社会组织参与资金筹集及建立规范的理论教育链资金管理制度等方面努力。

二、加强思想政治教育链理论研究队伍建设

理论研究队伍是推进理论研究深入发展的源泉和动力所在。具体来说，提高理论研究队伍建设应该从以下三个方面着手：一是，扩大理论研究队伍规模。该问题研究是在思想政治教育实践逐渐走向成熟，现实需要以整体性、统领性的视角展开思想政治教育理论研究，为系统性、科学性、整体性的思想政治教育实践提供理论指导与智力支持。由于该理论提出的较晚，且自身存在一定难度，决定了该理论研究并非一个或一批专家学者能够完成的，它需要广大理论研究者的积极参与。越多人参与理论研究，能够提供的智慧越多。扩大理论研究队伍，不仅要提高马克思主义理论研究者参与的积极性，而且要动员非专业人士参与其中；不仅要注重培育科研院所专门从事研究的研究者，而且也注重引导广大前线工作者参与进来，他们能够提供更为客观、鲜活的理论研究材料。二是，提高理论研究队伍的研究能力。在具有广泛的理论工作者参与的基础上，还要不断提高理论研究队伍的研究能力，追求质的突破。在内容上，要围绕思想政治教育链展开相关问题的研究，扩大理论研究范围，避免重复研究，在遵循科学研究原则的基础上要鼓励创新性研究；在方法上，不仅要坚守马克思主义理论研究的专业性品格，面对社会逐渐走向综合的时代主题，理论研究者要扩大研究视野，借鉴哲学、社会科学、心理学、脑科学等领域的多元方法展开研究，推进多学科、多领域交叉发展研究。三是，加强理论研究队伍之间的学术交流。理论研究队伍之间的交流可以碰撞出思想火花，能够突破一个人思考的局限性，因此适当的交流对于提高理论研究者自身素质具有重要意义。开展和组织规模较大、质量较高的学术研讨会，进行学术成果交流，可以促进各种观念、思想的碰撞、交锋，从而博纳众长，提高理论教育链研究队伍的研究能力。组织开展学术研讨活动应注重活动

的主题要鲜明，具有时代价值，能够对理论教育链建构与运行实践起推动作用。要为学术研讨活动创造一个轻松舒适的环境。只有在轻松愉快的环境下，才能够吸引更多的专家学者参会，尽情地发表自己的观点。

三、加强思想政治教育链基础理论问题研究

加强思想政治教育链理论研究，还必须注重基础理论研究。抓好基础理论研究，是为思想政治教育链理论大厦奠基，让这座大厦坚不可摧。基础理论研究是对思想政治教育链的本质、规律等内核问题展开研究，回答思想政治教育链是什么的问题。如果基础理论不扎实，该理论的深层次研究也将受到限制。基础理论研究水平往往决定应用理论研究水平，应用理论研究的科学性要以基础理论研究为前提。因此，必须加强基础理论研究。思想政治教育链涉及的基础理论包括三个方面：一是关于人的思想、信仰产生、形成和变化的原理；二是关于教育链的基本原理；三是关于思想政治教育链的基本原理。这些基本的原理表现为思想政治教育链的研究对象、概念范畴、理论基础、地位功能、产生根源、本质、规律、价值、原则、方法论、发展以及实践等理论。此外，思想政治教育链研究具有鲜明的实践性特性，来源于实践，也拓展、深化于实践。对其基础理论研究要建立在实践的基础上。

四、注重思想政治教育链理论成果实践转化

达·芬奇曾说过，“理论脱离实践是最大的不幸”。要发挥思想政治教育链理论研究的真正价值，就需要将其投入到实践运用中去。思想政治教育链理论成果的实践转化是科研成果价值的实现过程，要提高思想政治教育链理论研究能力必须加强科研成果转化为实践。具体来说，应该从以下两个方面努力：一是，提高理论成果实践转化的意识。理论只有应用于实践中才能够发挥它应有的作用。耗费大量的人力、物力、财力对思想政治教育链相关问题展开研究，所获得的理论成果不是仅供观赏的摆设，或停

留于书本上的文字。它要通过人的实践，转化为能够改变世界的力量。而首要的就是要提高人们对理论成果的实践力量的认识。只有这样才能够推动人们主动地、积极地采取行动把理论成果转化为实践。同样，也要提高人们对于思想政治教育链的相关理论成果转化为实践的意识，以发挥理论成果应有的价值和意义。二是，加强领导，健全组织，落实责任。思想政治教育链研究成果转化是一项复杂、长久的系统工程，它涉及多方面部门、单位、人员的参与配合，只有建立健全的领导机制和组织体系，并具体地把转化任务和责任落实到每一个部门、单位、人员身上，才能够有序地、有步骤地推动转化实践的展开。

小　结

本章在结合思想政治教育链的理论内核以及现存问题的原因分析的基础上，从增强建构意识、健全组织体系、完善运行机制、优化运行环境及加强理论研究等五个方面提出了完善思想政治教育链的对策建议。

结 语

“教育链”研究是思想政治教育研究领域的新课题，本研究只是展开思想政治教育链理论研究的“引玉之砖”。但通过本研究的展开，还是取得了一些有益的观点和结论。

第一，梳理了思想政治教育链的理论基础与思想资源。对马克思主义经典作家关于包括联系、发展、过程、矛盾、规律等原理在内的唯物辩证法、包括认识运动过程、认识运动规律等原理在内的认识论及思想政治教育环节等相关思想观点进行总结，奠定了本研究的理论基础。对中国传统社会主流意识形态理论教育相关思想进行审视，系统梳理了“好学、勤思、多习、践行”“入乎耳、著乎心、布乎四体，形诸动静”“观、明、玄览”“接、谟、神、行”及“学、问、思、辨、行”等主流意识形态理论教育过程环节思想与教育的循序渐进、量的积累及顺序性等教育过程时序思想，为本研究提供了深厚的思想资源。对西方社会主流意识形态教育相关思想进行考察，分析归纳了主流意识形态理论教育过程规律及思想在经历古希腊罗马的启蒙发展到中世纪神学统治时期的压制再到文艺复兴后的变革发展的大背景下，从遵循自然的教育过程“顺应自然”观到遵循心理过程的教育过程“心理学化”观，再到各种教学过程阶段观及程序教学观的发展。这不仅揭示了西方主流意识形态理论教育过程规律的萌生、发展、演进规律，而且其丰富的教育过程规律及阶段、程序思想观点也为思想政治教育链研究提供了有益的方法借鉴。

第二，厘清了思想政治教育链的内涵。回答思想政治教育链“是什么”的问题，离不开对其含义、特征、功能的分析。本研究一方面基于链、教育链、思想政治教育、大学生思想政治教育等相关基本概念的分析，尝试性地对思想政治教育链的含义进行了界定；另一方面，为了更为充分地阐释其概念，又将之与大学生思想政治教育工程、机制及程序等相关概念的联系与区别进行分析。再通过对其作为系统表现出来的系统性特征，处于运行状态表现出来的运动性特征及在运动过程中表现出的生态性特征与其系统规范、合力育人及优化效果等功能展开研究分析，深层次探讨其本质意涵。

第三，解析了思想政治教育链的结构。从内在结构、形态结构及层级结构等三个维度对思想政治教育链的结构关系展开了深入研究。厘清了思想政治教育链内在结构的链源、链节、链接、链形等各要素及相互关系；明晰了处于具象形态的思想政治教育链的宏观结构与微观结构；明确了思想政治教育链层级结构中的活动层、内容层与目标层的所指与相互关系。

第四，探讨了思想政治教育链的形成机理。明确思想政治教育链形成机理，是确保其建构实践的科学性的前提与保障。首先分析其形成的客观依据，即思想政治教育逻辑符合大学生接受心理序列、思想政治教育逻辑符合理论本体的逻辑序列及思想政治教育逻辑要与历史逻辑相一致三方面，探讨其形成的前提条件；其次分析其形成的主观动因，即增强大学生思想政治教育的实效性的需要，提高大学生思想政治教育的效率性的诉求，提升大学生思想政治教育的生态性的要求，来探究其形成的关键所在；最后分析其形成的具体路径，即思想政治教育链组织体系的建构作用、思想政治教育链理论研究的推动作用及思想政治教育链内外环境的协调作用，明晰其形成的过程。

第五，探究了思想政治教育链的运行机制。在对思想政治教育链的内涵、结构及形成机理等内核问题的分析基础上，对其运行机制展开研究，阐释了其体系主要是由动力机制、沟通机制、整合机制、协调机制、延伸机制等构成，并分别对这五种机制的概念、功能及运演展开分析，在此基础上剖析此它们之间的相互关系，全面描述和说明了处于运动状态的思想政治教育链“何是”。

第六，提出了思想政治教育链的完善对策。本研究在结合思想政治教育链的理论内核以及现存问题的原因分析基础上，从增强思想政治教育链建构意识、健全其组织体系、完善其运行机制、优化其运行环境及加强其理论研究等五个方面提出了完善对策。

诚然，本书对于思想政治教育链的研究还存在不足之处。因为，要系统地、全面地、完整地阐释和论证某个问题，首要的是要充分地占有该问题研究的相关文献资料，正所谓，“引而伸之，是以有论；浚而求之，是以有论；博而证之，是以有论”①。而就本研究来说，虽然相关研究成果充实，但直接研究成果非常有限，加之思想政治教育链是对大学生思想政治教育规律的客观性、科学性的认识研究，资料的有限与研究课题自身的深度，增加了该研究的难度，使该研究中还存在不完善之处，有待进一步提升。但是，本研究毕竟是对该课题的开拓性研究，所形成的相关结论和观点为以后的深入研究做了一定的铺垫和准备。

通过对思想政治教育链理论基础与思想资源、内涵与外延、形成机理与运行机制及现存问题与完善策略等主要问题的研究，基本形成了思想政治教育链理论的研究框架与理论体系，但就思想政治教育链理论的丰富性来说，仍未全部囊括相关问题。例如，关于其评估、评价问题；关于其实践模型问题；关于其脑神经跨学科问题研究等。理论教育链是对大学生思想政治教育规律的揭示和反映，它深刻地反映了大学生思想政治教育实践的组织者对思想政治教育规律的把握程度。那么，为确保理论教育链的建构实践的科学性，建立相应的指标体系对其进行评价至关重要。理论教育链研究的目的在于推动实践的科学化、具体化，那么，建立相应的具有推

① ［明］王夫之：《读通鉴论・叙论四》，中华书局 1975 年版，第 95 页。

广性、操作性的教育链实践模型也非常必要。基于磁共振技术的运用，脑神经科学取得了飞跃发展，将脑神经学科纳入思想政治教育链研究，对于推进学科大融合、交叉发展具有重要意义。除了对本研究中涉及的问题再加以深入研究之外，这些问题将是笔者接下来继续研究的重要论题。

参考文献

一、专著

[1]《马克思恩格斯全集》第 1 卷，人民出版社 1995 年版。
[2]《马克思恩格斯全集》第 7 卷，人民出版社 1959 年版。
[3]《马克思恩格斯全集》第 19 卷，人民出版社 1963 年版。
[4]《马克思恩格斯全集》第 21 卷，人民出版社 1965 年版。
[5]《马克思恩格斯全集》第 27 卷，人民出版社 1972 年版。
[6]《马克思恩格斯全集》第 46 卷，人民出版社 1979 年版。
[7]《马克思恩格斯文集》第 1 卷，人民出版社 2009 年版。
[8]《马克思恩格斯文集》第 2 卷，人民出版社 2009 年版。
[9]《马克思恩格斯文集》第 5 卷，人民出版社 2009 年版。
[10]《马克思恩格斯文集》第 9 卷，人民出版社 2009 年版。
[11]《马克思恩格斯文集》第 10 卷，人民出版社 2009 年版。
[12]《马克思恩格斯选集》第 3 卷，人民出版社 1995 年版。
[13]《马克思恩格斯选集》第 4 卷，人民出版社 1995 年版。
[14] 马克思:《资本论》第 1 卷，中国社会科学出版社 1983 年版。
[15]《列宁全集》第 25 卷，人民出版社 1988 年版。
[16]《列宁全集》第 55 卷，人民出版社 1990 年版。
[17]《列宁选集》第 2 卷，人民出版社 1995 年版。

[18]《列宁专题文集 论辩证唯物主义和历史唯物主义》，人民出版社2009年版。

[19]《列宁专题文集 论马克思主义》，人民出版社2009年版。

[20]《列宁专题文集 论社会主义》，人民出版社2009年版。

[21]《列宁专题文集 论无产阶级政党》，人民出版社2009年版。

[22]《毛泽东文集》第7卷，人民出版社1999年版。

[23]《毛泽东文集》第8卷，人民出版社1999年版。

[24]《毛泽东选集》第1卷，人民出版社1991年版。

[25]《毛泽东选集》第2卷，人民出版社1991年版。

[26]《毛泽东选集》第3卷，人民出版社1991年版。

[27]《毛泽东选集》第4卷，人民出版社1991年版。

[28]《邓小平文选》第3卷，人民出版社1993年版。

[29] 中共中央文献研究室：《邓小平年谱（一九〇四——一九七四）（下）》，中央文献出版社2009年版。

[30]《江泽民文选》第1卷，人民出版社2006年版。

[31]《江泽民文选》第2卷，人民出版社2006年版。

[32]《江泽民文选》第3卷，人民出版社2006年版。

[33] 江泽民：《在全国宣传部长会议上的讲话（2001年1月10日）——论“三个代表”》，中央文献出版社2001年版。

[34] 胡锦涛：《高举中国特色社会主义伟大旗帜为夺取全面建设小康社会新胜利而奋斗》，北京人民出版社2007年版。

[35] 习近平：《在中央党校建校80周年庆祝大会暨2013年春季学期开学典礼上的讲话》，人民出版社2013年版。

[36]《习近平总书记系列重要讲话读本》，学习出版社、人民出版社2014年版。

[37] 习近平：《做党和人民满意的好老师：同北京师范大学师生代表

座谈时的讲话》，人民出版社 2014 年版。

[38]《十二大以来重要文献选编（下）》，人民出版社 1988 年版。

[39]《十三大以来重要文献选编》，人民出版社 1991 年版。

[40]《十六大以来重要文献选编（上）》，中央文献出版社 2005 年版。

[41]《十六大以来重要文献选编（中）》，中央文献出版社 2006 年版。

[42]《十六大以来重要文献选编（下）》，中央文献出版社 2006 年版。

[43]《建国以来重要文献选编》（第 7 册），中央文献出版社 1993 年版。

[44] 本书编写组：《马克思主义基本原理概论》，高等教育出版社 2010 年版。

[45] 车文博：《西方心理史》，浙江教育出版社 1998 年版。

[46] 陈秉公：《21 世纪思想政治教育工作创新理论体系》，吉林教育出版社 2000 年版。

[47] 陈章龙：《大学生精神彼岸的探索——社会主义核心价值体系引领校园文化的实现机制研究》，社会科学文献出版社 2012 年版。

[48] 程延江：《管理学教程》，哈尔滨工业大学出版社 2003 年版。

[49] 辞海编辑部：《辞海》（中卷），上海辞书出版社 1989 年版。

[50] 戴志伟：《社区思想政治工作新论》，中国社会出版社 2008 年版。

[51] 窦尔翔：《教育金融制度创新》，清华大学出版社 2012 年版。

[52] 樊安新：《学会感恩》，河南人民出版社 2006 年版。

[53] 范国睿：《教育生态学》，人民教育出版社 2000 年版。

[54] 冯刚、张东刚：《高校马克思主义中国化、时代化、大众化研究》，中央编译出版社 2012 年版。

[55] 傅统先、张文郁：《教育哲学》，山东教育出版社 1986 年版。

[56] 宫志刚：《社会转型与秩序重建》，中国人民公安大学出版社 2004 年版。

[57] 顾树森：《中国古代教育家语录类编（下册）》，上海教育出版社 1985 年版。

[58] 洪宗礼：《洪宗礼文集 1：语文教育“链”》，江苏教育出版社 2008 年版。

[59] 胡凯：《现代思想政治教育心理研究》，湖南人民出版社 2009 年版。

[60] 胡子克：《思想政治教育概论》，人民出版社 2005 年版。

[61] 华东师范大学教育系、杭州大学教育系：《现代西方资产阶级教育思想流派论著选》，人民教育出版社 1980 年版。

[62] 华东师范大学教育系：《现代西方资产阶级教育思想流派论著选》，人民教育出版社 1981 年版。

[63] 黄河清：《近现代词源》，上海辞书出版社 2010 年版。

[64] 黄会林：《当代中国大众文化研究》，北京师范大学出版社 1998 年版。

[65] 蒋洪波：《学习潜能开发导论》，四川教育出版社 2001 年版。

[66] 教育部社会科学司：《普通高校思想政治理论课文献选编（1949—2006）》，中国人民大学出版社 2007 年版。

[67] 李光炎、欧阳广：《农村领导科学与艺术》，广西人民出版社 1986 年版。

[68] 李建明、刘瑶：《社会心理学》，安徽大学出版社 2003 年版。

[69] 李丽娟：《生态论视角下的高校思想政治教育研究》，大连海事大学 2009 年版。

[70] 刘建军：《马克思主义信仰论》，中国人民大学出版社 1998 年版。

[71] 刘社欣：《思想政治教育合力研究》，人民出版社 2013 年版。

[72] 柳海民：《教育过程论》，重庆出版社 1994 年版。

[73] 鲁洁：《德育新论》，江苏教育出版社 2002 年版。

[74] 苗东升：《系统科学大学讲稿》，中国人民大学出版社 2007 年版。

[75] 钱明辉：《研究性教学——发展性教师的内在教学理论》，科学出版社 2012 年版。

[76] 钱学森：《论系统工程》，湖南科技出版社 1988 年版。

[77] 邱伟光、张耀灿：《思想政治教育学原理》，高等教育出版社 1999 年版。

[78] 人民教育出版社教育室：《马克思恩格斯列宁论教育》，人民教育出版社 1993 年版。

[79] 任钟印：《西方近代教育论著选》，人民教育出版社 2001 年版。

[80] 沙风、张晓明：《大学生社会化》，新华出版社 2008 年版。

[81] 尚玉昌：《生态学概论》，北京大学出版社 2003 年版。

[82] 沈小峰、王德胜：《自然辩证法范畴论》，北京师范大学出版社 1986 年版。

[83] 田本娜：《外国教学思想史》，人民教育出版社 1994 年版。

[84] 汪青松：《教学理念与教学实践》，安徽人民出版社 2007 年版。

[85] 王承绪、赵祥麟：《西方现代教育论著选》，人民教育出版社 2001 年版。

[86] 王冬梅：《开启少先队辅导员专业发展的新天地 少先队活动课程初探与活动课设计方案精编》，世界图书上海出版公司 2014 年版。

[87] 王杰：《国际机制论》，新华出版社 2002 年版。

[88] 王坤庆：《精神与教育》，上海教育出版社 2002 年版。

[89] 王磊：《德育是美的》，华东师范大学出版社 2011 年版。

[90] 王磊：《管理沟通》，北京石油工业出版社 2001 年版。

[91] 王延风：《品德教育工程学》，科技文献出版社 1989 年版。

[92] 吴彤：《自组织方法论研究》，清华大学出版社 2001 年版。

[93] 席恒：《公与私：公共事业运行机制研究》，商务印书馆 2003

年版。

[94] 夏征农:《辞海》(缩印本),上海辞书出版社 1979 年版。

[95] 夏征农:《辞海》,上海辞书出版社 1999 年版。

[96] 夏征农:《辞海》(缩印本),上海辞书出版社 2002 年版。

[97] 厦门市教育局课题组:《社会主义核心价值体系融入中小学教育全过程的研究》,福建教育出版社 2008 年版。

[98] 徐宏:《教育链——基础素质教育与师范教育改革》,中国经济出版社 2000 年版。

[99] 薛文蔚:《自然主义与教育》,商务印书馆 1933 年版。

[100] 印伟光、张耀灿:《思想政治教育学原理》,高等教育出版社 1999 年版。

[101] 余仰涛:《思想关系学——思想政治工作原理》,武汉测绘科技大学出版社 2000 年版。

[102] 张焕庭:《西方资产阶级教育论著选》,人民教育出版社 1979 年版。

[103] 张康之、李传军:《一般管理学原理》,中国人民大学出版社 2005 年版。

[104] 张铁森:《马克思主义哲学原理》,中国农业大学出版社 1995 年版。

[105] 张耀灿、郑永廷:《现代思想政治教育学》,人民出版社 2006 年版。

[106] 张哲:《思想政治教育空间论》,兰州大学博士学位论文,2015 年。

[107] 赵丰编:《市场经济条件下共青团工作新走向》,企业管理出版社 1996 年版。

[108] 赵祥麟、王承绪:《杜威教育论著选》,华东师范大学出版社

1981 年版。

[109] 中共浙江省纪律检查委员会、浙江省监察厅：《浙江省构建惩治和预防腐败体系工作文集——理论与实践篇》，浙江人民出版社 2007 年版。

[110] 中国高等教育学会、《中国高教研究》编辑部组：《中国高等教育启思录——百所地方本科院校办学理念与特色研究》，北京理工大学出版社 2009 年版。

[111] 中科院语言所词典组：《现代汉语词典》，商务印书馆 1973 年版。

[112] 周立群：《创新整合与协调——京津冀区域经济发展前沿报告》，经济科学出版社 2007 年版。

[113] 庄涛、胡敦骅、梁冠群：《汉语大辞典》第 2 卷，汉语大辞典出版社 1992 年版。

[114] [德] 弗兰克：《白银资本——重视经济全球化中的东方》，中央编译出版社 2000 年版。

[115] [德] 赫尔巴特：《普通教育学·教育学讲授纲要》，李其龙译，人民教育出版社 1989 年版。

[116] [德] 黑格尔：《法哲学原理》，商务印书馆 1961 年版。

[117] [德] 孙志文：《现代人的焦虑和希望》，陈永禹译，生活·读书·新知三联书店 1994 年版。

[118] [德] 雅斯贝尔斯：《什么是教育》，邹进译，生活·读书·新知三联书店 1991 年版。

[119] [法] 卢梭：《爱弥儿（下卷）》，李平沤译，商务印书馆 1978 年版。

[120] [法] 托克维尔：《论美国的民主》（下卷），商务印书馆 1995 年版。

[121] [古希腊] 亚里士多德：《政治学》，吴寿彭译，商务印书馆1983年版。

[122] [捷] 夸美纽斯：《大教学论》，傅任敢译，人民教育出版社1984年版。

[123] [美] 布卢姆：《布卢姆掌握学习论文集》，王钢译，福建教育出版社1986年版。

[124] [美] 维纳：《控制论》，科学出版社1963年版。

[125] [瑞士] 裴斯泰洛齐：《裴斯泰洛齐教育论著选》，夏之莲等译，人民教育出版社1992年版。

[126] [苏联] 巴班斯基：《教学教育过程最优化——一般教学论方面》，人民教育出版社2007年版。

[127] [苏联] 特尔·盖文江：《马卡连柯的生平及其教育学说》，译文书局1950年版。

[128] [英] 斯宾塞：《教育论》，胡毅译，人民教育出版社1962年版。

二、期刊论文

[1] 蔡洁：《会计教育链初探》，载《财会通讯（综合）》，2010第4期。

[2] 曹占高：《思想政治工作方法程序的规律性研究》，载《西华师范大学学报（哲学社会科学版）》，2004年第6期。

[3] 陈洁：《高校推进马克思主义大众化机制的思考》，载《思想理论教育》，2009年第23期。

[4] 陈娟娟、戴钢书：《教育链：增强高校思想政治教育实效性的新视角》，载《教育理论与实践》，2016年第12期。

[5] 陈婉婷、谢晓默：《梯链式教育与大学生思想政治教育模式新探

索》，载《吉林省教育学院学报（学科版）》，2011 年第 8 期。

[6] 陈永福：《开展链式教育加强大学生思想政治教育的探讨》，载《湖南财经高等专科学校学报》，2008 年第 5 期。

[7] 陈志祥：《论知识链与知识管理》，载《科研管理》，2000 年第 1 期。

[8] 杜兴艳：《建构政府部门人力资源开发的教育链模型》，载《绥化学院学报》，2010 第 6 期。

[9] 郭秀青：《面对 21 世纪的高校德育》，载《思想·理论·教育》，1998 年第 2 期。

[10] 洪宗礼：《我的探索——构建语文教育链》，载《语文教学通讯》，2009 年第 1 期。

[11] 侯俊、张学敏：《大学生思想政治教育生态互动链的构建》，载《武汉理工大学学报（社会科学版）》，2008 年第 5 期。

[12] 李净、戴钢书：《中国传统社会价值观的历史演进脉络及其规律探析》，载《江淮论坛》，2015 年第 2 期。

[13] 李瑞清：《思想政治理论课实践教学的操作程序及其管理机制》，载《内蒙古师范大学学报（教育科学版）》，2009 年第 7 期。

[14] 李心芹、李仕明、兰水：《产业链结构类型研究》，载《电子科技大学学报（社科版）》，2004 年第 4 期。

[15] 李秀华：《优化教学程序是提高教学质量的必由之路——兼谈怎样上好马克思主义哲学课》，载《税收纵横》，1991 年第 2 期。

[16] 梁战平：《情报学若干问题辨析》，载《情报理论与实践》，2003 年第 3 期。

[17] 刘宗洪：《“三讲”教育对党的思想建设的意义》，载《上海党史与党建》，2001 年第 4 期。

[18] 马建青：《尊重大学生思想规律——构建有效思想政治教育链》，

载《长春师范大学学报》，2015 年第 3 期。

[19] 石长顺、周莉：《新兴媒体公共传播的核心价值》，载《华中科技大学学报（社会科学版）》，2008 年第 1 期。

[20] 时长江、刘彦朝：《课堂“学习共同体”教学模式的探索——浙江工业大学《思想道德修养与法律基础》课建设的研究与实践》，载《教育研究》，2013 年第 6 期。

[21] 田心铭：《关于马克思主义观的十二个关系问题论纲（上）》，载《高校理论战线》，2010 年第 1 期。

[22] 项福库、何丽：《创新教学模式——促进思政课教学可持续发展》，载《学校党建与思想教育》，2010 年第 16 期。

[23] 徐甫颖、黄明坤：《时间节奏初探——新技术革命引起时间观念的变化》，载《哲学研究》，1986 年第 2 期。

[24] 薛为昶：《生态理念的方法论意义》，载《思想战线》，2003 年第 3 期。

[25] 杨韶刚：《什么是有道德的人——当代心理学向科尔伯格提出的挑战》，载《教育理论与实践》，2003 年第 4 期。

[26] 杨增崇：《思想政治教育学科论域中的“环境”与“生态”辨析》，载《学校党建与思想教育》，2010 年第 2 期。

[27] 周建军：《创设德育“教育链”，变艰难“道德跋涉”为快乐“全人”成长》，载《教育前沿（理论版）》，2008 年第 12 期。

[28] 何海真：《基于产业链延伸与融合的江苏休闲农业星级企业产品开发研究》，南京师范大学硕士学位论文，2015 年。

[29] 刘贵富：《产业链基本理论研究》，吉林大学博士学位论文，2006 年。

[30] 谢晓鹏：《价值链延伸下的文化企业商业模式创新研究》，广西大学硕士学位论文，2014 年。

三、报纸及电子资源

［1］习近平：《在中央党校建校80周年庆祝大会暨2013年春季学期开学典礼上的讲话》，http：//theory. people. com. cn/n/2013/0304/c49169-20670182-4. html（2013年3月4日）。

［2］胡学增：《教育链上的四个环节》，载《教育时报》，1990年8月9日。

［3］李亚彬：《马克思主义理论研究和建设工程硕果累累》，载《人民日报》，2012年6月1日。

［4］夏洪青、王通化：《按能打仗打胜仗要求阔步前行——党的十八大以来全军和武警部队贯彻落实习主席重要指示大抓战斗力建设述评》，载《解放军报》，2016年1月14日。

［5］尹晓宇：《中国网民规模达6.88亿人》，载《人民日报（海外版）》，2016年1月23日。

［6］曾毅：《问题导向“助”理论“变”实践》，载《光明日报》，2010年12月13日。

四、外文文献

［1］K. Welchman, *Erik Erikson: His life, Work and Significance*, Berkshire: Open University Press, 2000.

［2］M. L. Hoffman, L. W. Hoffman, “Re-view of child developmental research vol 1”, Lawrence Kohlberg, *The Development of Moral Character and Ideology*, New York: RussellSage, 1964.

［3］Goldwin, James Emxson, *John Dewey's Concept of Education as a Growth Process*, Meerut: Nishkam Press, 1989.

［4］Eugene Odum, *Ecology: The Link Between the Natural and Social*

Science, New York: Holt, Rinehart and Winston Press, 1975.

[5] Nicholas Rescher, *Complexity: A Philosophical Overview*, New Brunswick: Transaction Publishers, 1998.

[6] Lawrence Kohlberg, "The cognitive—Development approach to moral education", *Humanist*, No. 32, 1972.

[7] Tom Burke, *Dewey's new Logic—A Reply to Russell*, Chicago: The University of Chicago Press, 1994.

[8] John Dewey, *Democracy and Education*, New York: The Free Press, 1966.

[9] L. Kohlberg, E. Turiel, "Moral development and moral education", G. Lesser, *Psychology Education Pratice*, Chicago: Scott Foresman, 1971.